코로나 이후의
새로운 세계

이현훈 지음

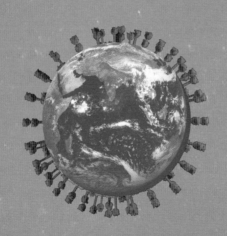

도서출판
해남

코로나 이후의 **새로운 세계**

초판1쇄 발행 2020년 6월 12일
초판2쇄 발행 2020년 7월 2일
초판3쇄 인쇄 2020년 8월 18일
초판3쇄 발행 2020년 8월 25일

저 자 이현훈
발행인 노현철
발행처 도서출판 해남

출판등록 1995. 5. 10 제 1-1885호
주 소 서울특별시 마포구 마포대로8길 9 영명빌딩 405호
전 화 739-4822 **팩스** 720-4823
이 메 일 haenamin30@naver.com
홈페이지 www.hpub.co.kr

ISBN 978-89-6238-144-3 03320

들어가며

2019년 12월 중국 우한에서 시작되어 2020년 전 세계로 확산된 신종 코로나 바이러스 감염증(COVID-19)은 세계의 정치·사회·문화·경제 등 모든 분야에서 거대한 변화를 가져올 것이다. 헨리 키신저(Henry A. Kissinger) 전 미국 국무장관은 월스트리트저널(WSJ)에 기고한 글[1]에서 "코로나 팬데믹(pandemic)이 세계 질서를 영구히 바꿀 것"이라며 "자유 질서는 가고 과거의 성곽 도시(walled city)가 다시 도래할 수 있다"고 전망했다.

이번 코로나 사태는 일시적으로 지나가는 사건이라기보다 세계 경제의 구조와 질서를 재편하는 획기적인 사건이다. 토머스 프리드먼(Thomas Friedman) 뉴욕 타임스 칼럼니스트가 주장한 것처럼 세계 역사가 코로나 이전(Before Corona; BC)과 코로나 이후(After Corona; AC)로 구분될 정도로, 실로 거대한 변화이다.

이 책은 코로나 이후의 '새로운 세계'에 관한 것이다. 특히 코로나 이후 본격화될 탈세계화(deglobalization)가 어떻게 전개될 것이며, 우리 대한민국 경제에 어떤 영향을 미칠 것인지를 설명하려 한다.

---

1 2020년 4월 3일자.

그런 다음 대한민국 경제가 탈세계화의 새로운 세계에서 어떻게 살아남을 수 있을 것인지 해답을 찾으려 한다.

지난 20~30년 동안 급속히 확산되었던 세계화는 이미 수년 전부터 후퇴하고 있었다. 그런데 코로나 바이러스가 전 세계에서 유행하는 팬데믹이 되면서 탈세계화는 본격화되는 양상이다. 이 책에서는 코로나 사태 이후 탈세계화가 어떻게 가속화될 것인지, 그리고 미·중 간의 헤게모니 싸움은 어떻게 전개될 것인지, 그리고 대한민국이 왜 벼랑 끝에 서게 되는지 설명하려고 한다.

현재의 세계회는 제2차 세계내전 이후 계속되어 왔다. 19세기 초 시작되었던 1차 세계화, 제1차 세계대전 직후 시작되었다가 제2차 세계대전 발발과 함께 수명을 다했던 2차 세계화에 이은 3차 세계화이다.

1차 세계화는 1차 산업혁명과, 2차 세계화는 2차 산업혁명과, 그리고 3차 세계화는 3차 산업혁명과 궤를 같이했다. 3차 세계화는 주로 공산품의 생산과 공급에서 비용의 효율성을 극대화시키는 방식으로 글로벌 공급망(global supply chain)이 촘촘히 엮이는 형태였다. 이 과정에서 중국은 세계의 공장으로 급성장했다.

그러나 이런 형태의 글로벌 공급망은 코로나 사태와 같은 외부적 충격에 매우 취약하다는 것이 드러났다. 중국, 베트남과 같은 신흥 개도국에 투자했던 글로벌 기업들의 본국 회귀, 즉 리쇼어링

(reshoring)이 증가할 것이다. 아울러 보다 안전한 국가로 이동하는 디쇼어링(deshoring, deplace와 shoring의 합성어)도 나타날 것이다.

동시에 기업들은 상품의 생산과 공급을 위한 면대면의 물리적 (physical) 글로벌 공급망 대신 버츄얼(virtual) 방식의 '디지털' 글로벌 공급망을 구축할 것이다. 이른바 새로운 형태의 세계화, 즉 4차 세계화가 전개될 것이며, 이는 4차 산업혁명 기술과 접목된 형태가 될 것이다.

여기에 대한민국의 기회가 있다. 위기가 클수록 기회도 크다. 3차 세계화의 종식은 분명 대한민국을 벼랑 끝으로 몰아가고 있다. 그러나 4차 산업혁명과 함께 새로운 세계화가 전개될 것이다. 4차 세계화는 대한민국에게 기회이다. 이 책에서 정부, 기업, 개인이 모두 함께 이 위기를 기회로 만들 수 있는 방법을 찾기 바란다.

감사의 글

저자는 2018년 이후 국내외의 다양한 학술회의에서 '탈세계화'에 대한 주제 발표를 해왔다. 이들 회의에서 토론을 통해 저자에게 영감을 준 많은 선배·동료 학자들께 감사를 표한다. 특히 탈세계화를 주제로 영문 저서를 공동으로 출판하기로 하고 많은 토론을 함께 한 박동현 박사(ADB; 아시아개발은행)에게 감사를 표한다. 사실 이 책은 지난 해 말부터 박동현 박사와 '탈세계화와 동아시아의 선택'이라는 제목의 저서를 준비하던 중에 코로나 사태가 터지면서 우선 한국에 초점을 맞춘 책을 저자 단독으로 출판하게 되었다.

아울러 저자는 최근 몇 년간 학부생과 대학원생들을 대상으로 여러 차례 '탈세계화'를 주제로 한 특강을 해왔다. 여기서 많은 질문과 토론을 해준 학생들에게도 고마우면서도 자랑스럽다는 말을 전하고 싶다.

이번 책을 출판하는 데 많은 사람들의 도움이 있었다. 무엇보다 저자의 연구에 항상 동반자로서 토론과 비판을 아끼지 않는 아내 김명희 교수에게 특별히 고맙다는 말을 전하고 싶다. 아울러 초고를 읽고 의견을 준 딸 이수진·배준현 부부와 아들 이준규·오수안

부부에게도 고맙다는 말을 전하고 싶다. 그리고 나이가 많아 앞이 보이지 않는 '마리', 귀가 잘 들리지 않는 '땡이', 아직 천방지축인 '송이', 우리 집의 소중한 반려견 식구들에게도 덕분에 재택근무가 즐겁다는 말을 남기고 싶다. 또한, 함께하여 삶이 더욱 풍성하고 즐거운 송촌리의 이웃들에게도 감사함을 표한다.

그리고 원고 전체를 꼼꼼히 읽고 편집을 도와준 박사 과정의 최현정 선생과 저자의 졸고를 짧은 시간 안에 완성도 높은 책으로 변신시켜 준 도서출판 해남의 노현철 대표와 모든 직원들에게 감사함을 표한다.

마지막으로 이번 코로나 바이러스 감염으로 고통을 받고 계신 모든 분들께 위로의 말씀을 전하고 싶다. 이 책의 저자 수익금 중 10%는 이들께 돌려드릴 생각이다. 그리고 이번 코로나 사태를 겪으면서 많은 묵상의 기회와 지혜를 주셔서 이 책을 쓸 수 있도록 은총을 주신 하느님께 영광을 돌리며 감사를 드린다.

2020년 6월 1일
남양주시 송촌리에서 '재택근무' 중인 이현훈

제**1**부

코로나 이후의 새로운 세계

제 1 장

코로나로 가속 페달을 밟게 될 탈세계화

세계 대공황이 올 수 있다

2019년 12월 중국 우한에서 시작된 신종 코로나 바이러스(COVID-19)가 전 세계를 뒤흔들고 있다. 중국에서 아시아로 번졌던 코로나 바이러스는 유럽과 미국을 거쳐 아프리카와 중남미까지 확산 중이다. 2020년 8월 16일 현재 전 세계 확진자 수는 2,100만 명, 사망자 수는 75만 명을 넘겼다. 신규 확진자 수는 8월 16일 현재도 증가 추세이다.

코로나가 전 세계로 확산되면서 모든 것이 일제히 멈추었다. 사람들의 이동이 멈추었고 경제가 마비되면서 실업자가 늘어나고 있

그림 1-1 세계의 코로나 1일 신규 확진자 수 추이

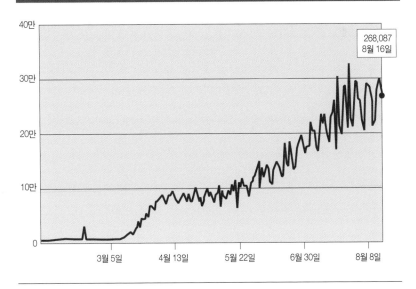

다. 코로나의 강력한 전파력 때문에 전 세계는 전에 경험하지 못했던 사회적 거리두기와 봉쇄 조치인 '락다운'(lockdown)을 한동안 지속해야 하는 상황이다. 이번 COVID-19는 같은 코로나 바이러스인 2002~3년 사스(SARS)나 2012~15년 메르스(MERS)보다 훨씬 심각하게 세계 경제·사회·문화 전반에 영향을 미치고 있다.

노벨 경제학상 수상자인 조지프 스티글리츠(Joseph E. Stiglitz) 교수는 영국 가디언(*The Guardian*)지와의 인터뷰[1]에서 '제2의 세계 대공황'(Second Great Depression)이 올 수 있다고 경고했다. 1997년 동아시아 금융위기를 예측해서 유명해진 누리엘 루비니(Nouriel Roubini) 뉴욕대 교수는 가디언지에 기고한 글[2]에서 이번에는 1929년 말 시작된 세계 대공황보다 더 큰 '대(大)대공황(Greater Depression)'을 피할 수 없다는 비관적인 주장까지 하고 있다.

국제통화기금(IMF) 크리스탈리나 게오르기에바(Kristalina Georgieva) 총재도 G20 재무 장관 및 중앙은행 총재 회의[3]에서 코로나 대유행은 1930년대 세계 대공황 이후 최악의 경제 불황을 가져올 것이라고 경고했다. IMF는 2020년 4월에 발간한 『세계 경제 전망』(*World Economic Outlook*)에서 '그레이트 락다운'(great lockdown)으로 인해 세계 경제는 2020년에 3%의 마이너스 성장을 할 것이라는 전망

---

1 2020년 4월 22일자.
2 2020년 4월 29일자.
3 2020년 3월 23일.

을 내놓았다. 미국이 −5.9%, 유로 경제권이 −7.5%, 그리고 일본이 −5.2% 성장할 것으로 전망했다. 한국도 −1.2% 성장할 것으로 전망했다. 중국의 경우에는 기존의 6%에서 1.2%로 성장률 전망치를 대폭 낮추었다.

이미 세계 경제는 제2차 세계대전 이후 가장 심각한 침체에 빠져들고 있다. 실제로 미국의 2020년 성장률은 1분기에 전기 대비 −5.0%에 이어 2분기에는 무려 −32.9%를 기록했다. 이는 글로벌 금융위기 시기였던 2008년 4분기 −8.4%의 4배에 가까운 기록이다. 유럽연합(EU)은 1분기에 전기 대비 −3.2%의 성장률을 기록한 데 이어 2분기에는 −11.9%를 기록했다. 특히 스페인은 1분기 −5.2%에 이어 2분기에는 −18.5%의 성장률을 기록해서 유럽연합 회원국 중 가장 심각한 경기 침체를 맞았다. 프랑스는 1분기 −5.9에 이어 2분기에는 −13.8%를 기록했고, 이탈리아는 −5.4%와 −12.4%를 기록했다. 유럽의 가장 큰 경제 규모를 가진 독일은 1분기 −2.0%를 기록한 데 이어 2분기에는 −10.1%를 기록했다.

중국은 1분기에 전년 동기 대비 −6.8%를 기록한 후 2분기에는 3.2%로 반등했으나 1979년 개혁·개방정책 시행 이후 가장 낮은 성장률이다. 한국은 1분기 성장률이 전기 대비 −1.3%를 기록한 데 이어 2분기에는 −3.3%를 기록했다.

IMF는 2020년 6월 24일(현지시간) 발표한 세계 경제 수정 전망에서 올 한 해 세계는 −4.9% 성장할 것이라며 4월 수정치 −3.0%보다 낮춰 잡았다. 미국 −8.0%, 유로 경제권 −10.2%, 일본 −5.8% 등 대부분의 선진국들 성장률 전망치를 하향 조정하였고, 한국도 −2.1%로 낮춰 잡았다.

각국 정부는 2008년 세계 경제위기 때처럼 천문학적인 재정을 쏟아붓고 있고 중앙은행은 돈 풀기에 나서고 있다. 그때는 금융위기에서 시작된 수요 감소를 재정 지출과 통화 확대로 다시 끌어올리면 됐다. 1929년 말 세계 대공황 시절에도 '유효 수요'를 끌어올리기 위해 대대적인 재정 지출을 통한 인프라 건설, 즉 '뉴딜(New Deal) 정책'[4]으로 성공을 거둘 수 있었다.

그러나 이러한 '돈 풀기' 정책만으로는 코로나 바이러스가 두려워 사회적 접촉을 꺼려 하는 사람들의 소비 심리를 끌어올리는 데에 한계가 있을 것이다. 게다가 코로나 사태로 인한 경제 침체는 수요뿐만 아니라 공급의 문제다. 노동자들이 출근하지 못해 공장이 정상적으로 가동되지 못하고 수출입 절차도 더욱 엄격해졌다. 특히 글로벌 공급망이 촘촘히 짜여진 상태에서 코로나 사태로 발생한 한 국가의 생산 차질은 전 세계로 파급되었다. 더욱이 '세계의 공장'인 중국의 공장들이 멈추면서 중국이 최종 조립에 사용하는 중간재와

---

4 뉴딜(New Deal)은 실업자에게 일자리를 만들어 주고, 경제 구조와 관행을 개혁해 대공황으로 침체된 경제를 되살리기 위해 프랭클린 D. 루스벨트 미국 제32대 대통령이 1933~36년에 추진한 경제 정책이다.

세계 대공황 당시 구직자들의 모습

원료를 공급하는 여러 나라 공장들도 멈추었다. 또 중국의 중간재 생산이 멈추면서 이 중간재를 이용해 생산하는 최종재 생산이 멈추었다. 중국뿐만 아니라 베트남, 이탈리아 등에서의 공장이 멈추자 비슷한 현상이 벌어지고 있다.

  뿐만 아니라 주요 선진국들은 인구 고령화의 진척으로 이미 구조적 경제 침체에 접어들고 있는 상황이었다. 2008년 세계 대부분의 나라가 글로벌 금융위기로 허덕일 때 구원투수로 나섰던 중국마저 이미 저성장이 '뉴노멀'(new normal)인 상황이었다.

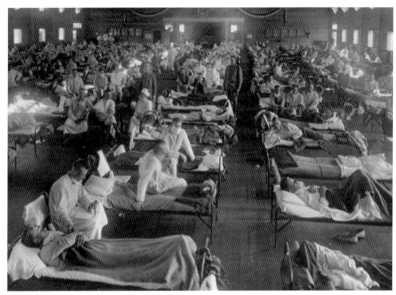
스페인 독감 유행 당시 한 병원 모습

따라서 종전과 같은 재정 지출 확대와 통화 증발만으로는 세계 경제를 침체의 늪에서 끌어내지 못할 가능성이 크다. 도리어 많은 선진국들이 국가 채무 비율만 높인 채 1990년대 초부터 일본이 경험했던 '잃어버린 20년'을 뒤따라갈 가능성이 크다.

1918년에 발생한 스페인 독감은 당시 5억 명의 사람들을 감염시켰고, 최소 2,500만, 최대 1억 명의 사망자를 냈다. 20세기 최악의 바이러스 감염으로 불렸던 스페인 독감은 1918년 봄철 1차 유행 때보다 가을철 2차 독감의 감염 규모가 다섯 배 정도 컸다. 그 당시와 마

믿지 못할 경기 예측

사실 IMF와 같은 국제기구나 정부의 경기 예측은 대부분 희망적인 가정에 근거하고 있다. 예를 들어, 2007~8년의 세계 금융위기 당시 IMF의 경기 예상과 실제 상황을 비교해 보자. 2000년대 초 미국 연방준비은행(FRB)은 닷컴 버블(Dot-com bubble)의 붕괴에 따른 경기 침체를 막기 위해 저금리 정책을 실시했다. 저금리 정책은 부동산 버블로 이어졌고, 2004년 이후 금리가 인상되면서 꺼지기 시작했다. 결국 저소득층 대출자들이 서브프라임 모기지(subprime mortgage)의 원리금을 제대로 갚지 못하는 상황이 되자 증권화된 서브프라임 모기지론을 구매한 금융 기관들의 손실이 커졌다. 마침내 2007년 초대형 모기지론 대부업체들이 파산하는 사태가 연이어 발생했다. 이러한 미국의 서브프라임 모기지 사태는 미국의 금융 기관과 연계된 세계의 금융시장에 타격을 주어 2008년 글로벌 금융위기가 나타났다.

미국의 서브프라임 모기지 사태로 세계 금융시장의 신용경색이 이미 심각하게 전개되던 무렵인 2008년 4월, IMF는 2008년 세계 경제가 3.7% 성장할 것으로 예측했다. 게다가 2009년에는 3.8% 성장하여 상황이 개선될 것으로 예측했다. 이어서 미국은 2008년 0.5%, 2009년에는 0.6% 성장할 것으로 예측했다.*

그러나 세계 경제는 IMF의 희망적인 예측보다 훨씬 나쁜 상황으로 빠져들었다. 세계 경제는 2008년에는 IMF 예측치 3.7%보다 훨씬 낮은 1.9%의 성장률을 기록했고, 2009년에는 회복되기는커녕 -1.7%의 성장률을 기록했다. 미국의 성장률도 IMF의 예측과 달리 2008년 -0.1%, 2009년 -2.5%를 기

---

* IMF, *World Economic Outlook*, April 2008.

록했다.

한국이 겪었던 1997~8년 외환위기의 예를 들어 보자. 1997년 여름 태국부터 시작해서 말레이시아, 인도네시아 등으로 번진 외환위기는 같은 해 가을 한국에 전염되기 시작했다. 외국의 투자 자금들이 빠져나가기 시작한 것이다. 무엇보다 30여 개에 달하는 종합금융회사들이 외국에서 1년 이하 단기 외채로 빌려온 돈들이 만기가 되자 빠져나가면서 환율이 급속히 상승하기 시작했다. 환율 급등을 막기 위해 정부는 같은 해 10월과 11월 사이에 막대한 달러를 외환시장에 쏟아부었지만 역부족이었다. 도리어 갖고 있던 외환보유고가 바닥을 드러내자 한국의 대외 신용도는 더욱 나빠졌고 대외 부채를 갚지 못하는 상황이 되었다. 결국 같은 해 11월 21일 IMF에 구제금융을 신청하면서 한국 경제의 운명이 IMF의 처분에 맡겨졌다. 같은 해 12월 3일 임창열 당시 경제부총리와 미셀 캉드쉬 IMF 총재는 IMF를 비롯한 국제기구들이 550억 달러를 한국에 지원하기로 했다고 발표했다. 이로써 한국의 경제 주권은 IMF에 넘어갔다.

이 당시 IMF가 예상한 한국 경제의 성장률은 지극히 희망적인 것이었다. IMF는 한국에 대한 구제금융계획을 발표하던 1997년 12월, 한국의 1998년 경제성장 예상치를 3.0%로 발표했다. 그러더니 1998년 2월에는 1.0%로 하향 조정하였고, 5월에는 -1.0%, 7월에는 -4.0%의 경제 예상치를 조정·발표했다. 그러나 1998년 한국 경제의 실제 성장률은 -5.1%를 기록했다.

찬가지로 이번 코로나도 2020년 여름철에 남반구로 이동했다가 가을철에 다시 북반구에서 대유행할 가능성이 크다. 전문가들은 코로나 백신이 빨라도 2021년 초는 되어야 개발되어 실제 사람에게 접종할 수 있을 것으로 보고 있다.

그럼에도 불구하고 IMF를 비롯한 대부분의 국제기구나 정부들의 경기 예측은 코로나 사태가 2020년 후반기에는 어느 정도 안정될 것이라는 '희망적인 가정'에 근거하고 있다. 그러나 겨울철에 접어들고 있는 브라질 등 남반부 국가들에서 코로나 신규 확진자 수가 급증하고 있어서 2020년 후반기에도 코로나 사태가 안정될 가능성은 높지 않다.

코로나 사태가 2020년 후반기에 이어 2021년에도 이어진다면 기업들과 개인들의 파산이 대폭 증가함으로써 이들에게 대출한 은행들이 부실화되어 실물 경제위기가 금융위기로 이어질 가능성이 크다. 이렇게 되면 금융위기는 다시 실물경제 위기를 더욱 악화시키는 악순환이 이어질 것이다. 코로나의 '세계 대유행'(Great Pandemic)이 경제의 '세계 대공황'(Great Depression)으로 귀결될 가능성이 매우 크다.

코로나 사태는 특히 재택근무가 불가능한 식당, 소매점, 레저, 여행, 숙박 등 서비스 산업을 마비시키고 있다. 이들 서비스 산업은 총체적으로는 제조업에 비해 훨씬 많은 고용을 책임지고 있으면서도, 개별적으로는 대부분 소규모 비즈니스로 운영되고 있다. 결국 코로나 사태에 따른 가장 큰 피해는 소규모 서비스업을 운영하는 기업들과 여기에 종사하고 있는 저소득 근로자들에게 집중되고 있다. 게다가 기저질환이 있는 고령층과 저소득층 같은 경우에는 코로나 감염에 취약하고 의료 혜택도 잘 받지 못해 사망률도 높다.

국제노동기구(ILO)는 『코로나와 세계 노동』 보고서[5]에서 전 세계 20억 명에 달하는 비공식 경제(informal economy) 노동자들 중 76%에 달하는 16억 명가량이 코로나 사태로 심각한 피해를 입고 있다고 발표했다. 이들은 통계에 잡히지 않는 노점상, 건설 현장 노동자 등을 말한다. 보고서는 또 비공식 노동자들의 소득이 평균 34% 감소하여 사회 불평등이 더욱 심화될 것이라고 우려했다.

미국 일간지인 뉴욕 타임스(New York Times)[6]는 개인적이고 통제 가능한 공간을 갖지 못하는 교도소 수용자, 농장 노동자, 인디언 원주민, 홈리스(homeless) 가정들이 특히 더 코로나 위험에 노출되어 있다며 '계층 간 디바이드'(class divide)가 더욱 심해지고 있다고 보도했다. 또 다른 미국 일간지인 블룸버그(Bloomberg) 통신[7]은 코로나 사태가 일어나자 미국에서 아시아인에 대한 인종 차별 사건들이 크게 증가하고 있으며 일자리를 잃은 블루칼라 노동자들이 일자리를 지키고 있는 화이트칼라 노동자들에게 분노하고 있다고 보도했다. 미국은 2020년 11월 대선을 앞두고 있어서 이러한 사회 계층 간, 인종 간의 갈등은 더욱 심해지고 있다.

코로나 사태는 이미 심각한 상태에 있는 소득과 부의 양극화를

---

5 2020년 4월 29일자.
6 2020년 4월 12일자.
7 2020년 3월 21일자.

더욱 심화시키고, 이는 포퓰리즘(populism)의 확산으로 이어질 것이다. 비난 대상을 찾아야 하는 정치인들은 국내뿐만 아니라 해외에서 그 대상을 찾으려 하면서 보호무역주의가 본격화되고, 이는 경제 침체의 골을 더욱 깊게 할 것이다.

아울러 코로나 사태는 선진국보다 보건과 경제 시스템이 취약한 개발도상국에 더욱 힘든 시련을 안기고 있다. 유엔(UN)과 옥스팜(Oxfam)은 코로나 대유행으로 5억 명에 달하는 인구가 빈곤 상태로 전락할 수 있다고 경고하고 있다.[8] 개발도상국들이 현재 직면한 상황의 심각성은 100개국 이상이 국제통화기금(IMF)에 긴급 금융 지원 요청을 하고 있는 것을 보더라도 짐작할 수 있다.

더욱이 코로나 사태가 장기화되고 선진국들이 자국의 경기 침체를 부양하기 위해 보호무역 조치를 본격화하면, 이들 개발도상국들의 고통은 더욱 커질 것이다.

글로벌 가치사슬이 멈추다

세계화가 급속히 확산된 1990년대 이후 상품뿐만 아니라 자본

---

8 2020년 4월 9일자.

바벨탑(루카스 반 발켄보르흐 Lucas van Valckenborch, 1568)

과 노동력의 이동이 급속히 늘어났다. 아울러 지식과 문화의 공유가 일반화되었고 영어가 공용어가 되었다. 높고 거대한 바벨탑을 쌓아 하늘에 닿으려 했던 인간들의 오만한 행동에 분노한 신이 인간의 언어를 여럿으로 분리하고 전 세계로 뿔뿔이 흩어버린 이후, 처음으로 인간 세계가 하나로 연결된 것이다.

세계화의 주역은 다국적 기업(multinational enterprises; MNE) 또는 초국적 기업(transnational enterprises; TNE)이라고도 불리는 초대형 글로벌 기업

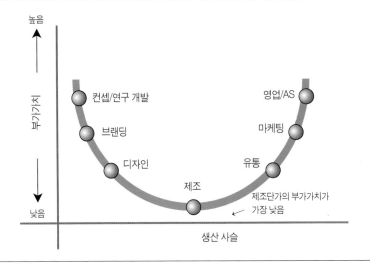

그림 1-2 글로벌 가치사슬의 형태

높음

부가가치

낮음

컨셉/연구 개발

브랜딩

디자인

제조

영업/AS

마케팅

유통

제조단가의 부가가치가
가장 낮음

생산 사슬

들이다. 이들은 애플 CEO인 팀 쿡(Tim Cook)의 말대로 재고는 "기본적으로 악"(fundamentally evil)으로 간주해서 '적시 생산'(Just-in-time) 방식[9]의 공급망(supply chain)을 전 세계에 구축했다. 연구 개발, 디자인, 제조, 유통, 마케팅, A/S에 이르기까지의 생산 사슬의 여러 단계에 여러 나라가 초세분화된 특화 방식으로 참여했다. 〈그림 1-2〉에서 보여주는 것처럼 부가가치가 높은 연구 개발이나 디자인, 그리고 마케팅과 A/S의 단계에는 선진국이, 부가가치가 낮은 제조/조립 단계는

---

9 일본의 도요타 자동차가 1990년대 후반 비용 절감과 생산성을 높이기 위해 만든 것으로서 입하 재료를 재고로 두지 않고 그대로 사용함으로써 재고 비용을 최소화하려는 생산 방식.

개발도상국(개도국)이 참가하는 방식이다.

　이로써 전 세계는 그야말로 복잡한 글로벌 생산 네트워크와 글로벌 판매 네트워크로 이루어진 글로벌 가치사슬(global value chain)로 연결되었다. 글로벌 가치사슬 무역은 2017년 기준 전 세계 무역의 74%, 전 세계 GDP의 20%를 차지하였다.[10]

　다국적 기업들에게 글로벌 공급망은 비용 최소화를 위한 '효율성'이 가장 중요한 요소였다. 생산된 제품은 특정 국가의 제품이 아니라 '메이드 인 더 월드'(Made in the World) 제품이 되었다.

　그러나 이번 코로나 사태로 글로벌 공급망은 큰 타격을 입을 것이다. WTO 아제베도(Roberto Azevedo) 사무총장은 촘촘한 글로벌 가치사슬로 연결된 전기 및 자동차 산업 제품 무역이 특히 충격을 받아 2020년에 가장 큰 폭의 감소를 보일 것이라고 전망했다.

　실제로 신종 코로나 바이러스가 처음 창궐한 중국에서 봉쇄 조치가 시행되자 중국을 중간 생산 기지로 하고 있던 전 세계 기업들의 글로벌 가치사슬 전체가 무너졌다. 코로나 사태가 전 세계로 확산되면서 글로벌 공급망에 참여하고 있는 나라들 중 한 나라에서만 차질이 생겨도 글로벌 공급망 전체가 무너지는 상황이 더욱 확대되었다.

10　WTO, IDE-Jetro, OECD, UIBE, and World Bank Group(2019), Global value chain development report, 2019: Technical innovation, supply chain trade, and workers in a globalized world.

코로나 바이러스가 중국에 확산되던 2020년 2월, 애플의 중국 공장이 멈춰 서면서 애플의 생산은 전년 대비 60% 감소하였다. 이에 따라 애플은 새로운 모델을 내놓은 삼성에 뒤지게 되었다.

같은 2월, 한국의 현대자동차 공장 또한 멈춰 섰다. 그 이유는 자동차의 혈관 역할을 하는 배선 뭉치인 '와이어링 하네스'를 생산하는 중국의 공장 가동이 중단되었기 때문이었다. 이러한 상황은 세계 곳곳에서 벌어졌다. 자동차 부품 공급 업체인 MTA Advanced Automotive Solution의 이탈리아 공장에서 자동차에 들어가는 전자 부품 생산을 중지하자, 전 유럽의 자동차 회사들이 생산 차질을 겪었다.

이번 사태로 적시 생산(just-in-time) 공급이 가능하도록 구축된 글로벌 공급망은 효율성이 높은 반면, 코로나 사태와 같은 외부 충격에 매우 취약한 것으로 판명되었다. 기업들은 이제 글로벌 공급망의 '효율성'보다는 '위험성'에 대한 자각을 하게 된 것이다.

기업들은 이제 위험의 회피와 분산을 위해 중국을 비롯한 개발도상국에 대한 생산 의존성을 줄이려 할 것이다. 제품을 안정적으로 공급하기 위해 글로벌 공급망의 상당 부분은 로컬 공급망으로 전환할 수밖에 없다. 본국으로의 회귀, 즉 리쇼어링(reshoring)이 본격화될 것이다.

실제 2020년 코로나 사태로 전 세계 무역과 투자는 급감하고 있다. 세계무역기구(WTO) 로버트 아제베도 사무총장은 기자 간담회[11]에서 코로나 대유행으로 세계 무역이 32%까지 감소할 수 있다며, 이는 세계 대공황 시기인 1929~32년 기간 동안의 감소폭과 비슷한 수준이라고 우려했다. 최악의 경우 세계 무역 규모가 글로벌 금융위기 직후인 2009년 수준으로 추락할 수 있다는 것이다. 아제베도 사무총장은 또 1930년대의 보호무역주의가 부활할 수 있다며 이는 세계 무역과 경제를 더욱 악화시킬 것이라고 경고했다.

한편, 유엔무역개발협의회(UNCTAD)는 『투자 동향 보고서』(Investment Trends Monitor)[12]에서 코로나 사태로 전 세계 해외직접투자(Foreign Direct Investment; FDI)가 30~40% 감소할 것으로 전망했다. 또한 전 세계에서 규모가 가장 큰 5천 개 다국적 기업들의 2020년도 수익이 코로나 발생 전보다 30% 정도 감소할 것으로 예측했다.

앞에서 IMF를 비롯한 세계 각국의 경기 예측은 코로나 사태가 2020년 하반기에는 진정될 것이라는 '희망적'인 가정에 의한 것이어서 믿을 바가 못 된다고 지적했다. 마찬가지로 WTO와 UNCTAD의 세계 무역과 투자 전망도 이러한 희망적인 가정에 의한 것이다. 그러나 코로나 백신이나 치료제가 개발되어 실제 보급되기까지는 최소 1년이 걸릴 것이라는 전문가들의 의견을 감안하면, 코로나 사태

---

11 2020년 4월 8일.
12 2020년 3월 26일자.

그림 1-3 세계의 상품 무역 전망(2015=100)

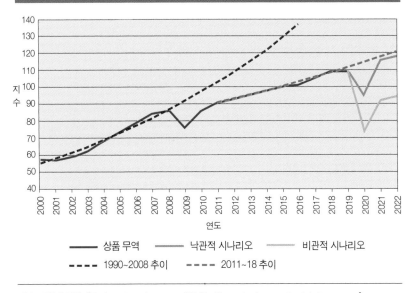

자료: WTO(2020), "Trade set to plunge as COVID-19 pandemic upends global economy".

는 최소한 2021년 초까지는 계속되리라고 보는 게 합리적일 것이다.

　그러나 이러한 가정마저도 다분히 희망적인 것이다. COVID-19
의 변종이 계속 나타나고 백신이나 치료제 개발이 늦어지면 세계
경제와 글로벌 무역·투자는 1930년대의 세계 대공황에 맞먹는 최
악의 상황을 맞게 될 것이다.

서두르는 탈중국 '리쇼어링'

도널드 트럼프(Donald Trump) 미국 대통령은 선거 유세 기간 동안 '미국 우선'(America first)을 외치며 중국에 대한 수입 관세를 45%까지 인상하겠다고 선언했다. 트럼프 취임 후인 2018년 7월 6일, 미국이 340억 달러 규모의 중국 수입품 818종에 25%의 보복 관세를 부과하면서 본격적인 미·중 무역 전쟁이 시작되었다.

미·중 무역 전쟁이 한창인 2019년 8월 트럼프 미 대통령은 "우리의 위대한 미국 회사들이 중국에서 바로 철수할 것을 명령"했다. 이전에도 미국은 자국 기업들의 리쇼어링을 위해 많은 노력을 해왔다. 오바마 대통령 시절에도 '리메이킹 아메리카'(Remaking America)라는 슬로건을 내걸고 법인세 인하를 추진하여 미국 기업들의 리쇼어링을 유도했다.

트럼프 대통령은 더욱 강력한 리쇼어링 정책을 실시해 왔다. 법인세를 더욱 낮추고 해외 생산 제품에 대해서는 국경세를 부과하는 조치를 취했다. 이번 코로나 사태로 트럼프 정부는 자국 기업들을 중국으로부터 리쇼어링하도록 하는 명분을 얻게 됐다. 코로나 팬데믹으로 미국 경제가 마비되고 실업이 늘면서 코로나 바이러스가 가장 먼저 창궐한 중국을 비난의 대상으로 삼게 된 것이다. 표면적으로는 중국에게 코로나 팬데믹의 책임을 묻는 것이지만, 보다 근본적으로는 그동안 세계화 과정에서 쌓인 중국에 대한 불만이 터져 나온 것이다.

미국 내 코로나 감염이 확산일로에 있는 와중인 2020년 4월 래리 커들로(Larry Kudlow) 미 백악관 국가경제위원회(NEC) 위원장은 폭스 비즈니스 뉴스와의 인터뷰에서 "중국에서 돌아오는 기업의 이전 비용 100%를 지원하겠다"며 미국 기업들의 리쇼어링을 위한 적극적인 대안을 제시했다.

또한 미국뿐만 아니라 일본과 유럽 등 전통적인 서방 선진국들도 코로나 사태로 중국으로부터의 부품 공급이 어렵게 되는 상황을 이유로 들어 자국 기업들의 중국 철수를 추진하고 있다. 글로벌 기업들도 이번 사태를 겪으면서 중국이 투명성이 부족하고 신뢰하기 어려운 통제 사회임을 확인했다. 중국이 효율성뿐만 아니라 위험성도 높은 글로벌 공급지임을 알게 된 것이다.

한편, 이번 코로나 사태로 중국 경제는 위기 가능성이 더욱 높아지고 있다. 경제성장률이 하락하고 실업자는 늘고 있다. 경제가 침체되고 해외의 중국 상품 수요가 줄면서, 천문학적인 부채를 쌓아 오면서도 부풀리기 실적으로 연명해 온 중국의 많은 국유 기업들이 본격적으로 부실화될 수 있다. 중국 내 부동산 거품도 꺼질 것이다. 그러면 국유 기업들에 대한 신용 대출과 가계의 부동산 담보 대출을 떠안고 있는 금융 기관들이 연쇄적으로 파산할 가능성이 크다.

이러한 상황을 염려하고 있는 글로벌 기업들은 코로나 사태를 계기로 세계의 공장, 중국에서 탈출하려고 할 것이다. 이른바 '탈중국 리쇼어링'이 본격화될 것이다.

탈세계화가 본격적으로 시작되다

코로나 사태로 인해 세계 경제가 길고 깊은 불황의 늪으로 빠져들고 무역과 투자는 감소하면서 글로벌 공급망은 휘청거리고 있다. 그러나 코로나 사태가 발발하기 몇 년 전부터 이미 세계 무역과 투자는 축소되는 경향이 나타나고 있었다. 2008년 금융위기 직후 급락했던 세계 무역은 위기 이전의 규모를 회복하지 못했고, 국가 간 자본 이동도 위기 이전의 절반에도 미치지 못하는 수준이었다. 외국인 노동자 이동 규모도 2011년 이후 계속해서 감소하는 추세였다. 게다가 미국을 비롯한 선진국들에서 보호무역주의를 기치로 내세운 포퓰리스트 정권이 속속 등장하고 있었다.

세계적 경제 주간지인 이코노미스트지는 2017년 1월 커버스토리에서 세계적 보호주의 시대를 맞이하여 글로벌 기업들이 퇴각(In retreat: Global companies in the era of protectionism)하고 있다는 기사를 다루었다. 이어 2019년 1월에는 슬로벌라이제이션(slow와 globalization의 합

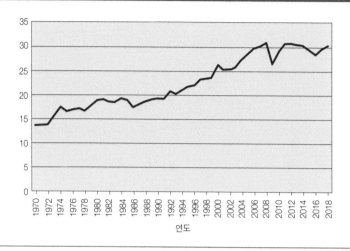

그림 1-4 세계의 상품 및 서비스 수출 추이(GDP 대비 %, 1970~2018)

연도

자료: 세계은행, World Development Indicators를 이용 저자 작성.

성어)이라는 제목의 커버스토리를 다루었다. 이코노미스트지가 제

시하고 있는 세계화 퇴조의 근거는 무엇보다 세계 무역과 해외직접

투자(FDI)가 최근 몇 년 동안 주춤하거나 감소 추세에 있다는 것이

다. 그리고 미국의 대표적 글로벌 브랜드인 KFC나 맥도날드와 같은

기업들의 해외 수익이 2012년과 2013년 이후 계속 감소하고 있다는

것이다. 이코노미스트지는 마침내 2020년 5월에 코로나19가 세계화

를 죽이고 있다는 커버스토리를 다루었다.[13]

　전 세계의 GDP 대비 수출 규모는 〈그림 1-4〉에서 보는 것처럼

---

13 *The Economist*, "Has Covid-19 killed globalization?," 2020년 5월 14일자.

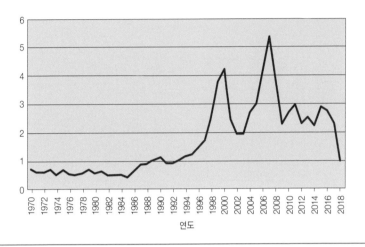

그림 1-5 세계의 해외직접투자(FDI) 추이(GDP 대비 %,1970~2018)

자료: 세계은행, World Development Indicators를 이용 저자 작성.

글로벌 금융위기 직전인 2008년 30.8%로 정점을 찍은 뒤 2009년 세계 금융위기의 여파로 26.7%로 급감한 이후 2018년(30.1%)까지 2008년 수준을 회복하지 못하고 있었다.

　세계의 FDI 추세를 보면 세계화의 퇴조가 더욱 확연하다. 세계 FDI는 2007년 세계 GDP 대비 5.3%까지 상승했다가 글로벌 금융위기 여파로 2009년 2.3%까지 급감했다. 이후 계속 그 수준에서 등락을 거듭하다가 2018년에는 1.0%까지 추락했다(〈그림 1-5〉).

　세계적인 경제 일간지 파이낸셜 타임스(*Financial Times*)지도 "쇠퇴하고 있는 세계화"(Globalisation in retreat)라는 제목의 기사[14]에서 국

그림 1-6 세계의 국가 간 자본 이동 추이(2002~17)

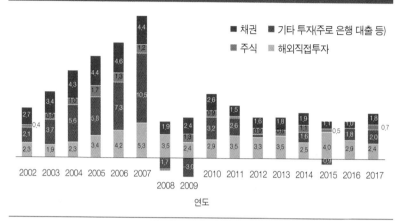

자료: UNCTAD(2018), *Global Investment Trend and Prospects.*

가 간 자본 이동이 2008년 세계 경제위기 이후 급격히 감소하고 있음을 들어 세계화가 쇠퇴하고 있다고 지적했다. 〈그림 1-6〉에서 보는 것처럼 2016년에 세계 자본 이동 총액은 4.3조 달러로서 2007년의 12.4조 달러의 1/3 수준이었다.

국가 간 자본 이동은 FDI뿐만 아니라 외국의 주식이나 채권을 구입하는 형태의 포트폴리오 투자와 금융 기관의 대출이 있다. 국가 간 자본 이동의 급감은 특히 금융 기관의 해외 대출이 크게 감소했기 때문이다.

---

14 2017년 8월 22일자.

이렇게 몇 년 전부터 세계 무역과 투자가 모두 정체 또는 감소하는 추세를 보인 데에는 여러 가지 원인이 있다. 무엇보다 세계화로 인해 선진국 내에서 계층 간 양극화가 인내할 수 있는 수준 이상으로 커져 왔기 때문이다. 이렇게 된 데에는 무엇보다 선진국 기업들이 가치사슬을 국내에서 세계로 확대하면서 국내 일자리도 함께 해외로 이전되었기 때문이다. 반면에 외국의 싼 노동력이 선진국으로 유입되어 그렇지 않아도 줄어들고 있는 일자리마저 외국 노동자들에게 빼앗기는 상황에 직면하였다. 이에 따라, 거의 모든 선진국들에서는 계층 간 양극화가 심화되었고, 저소득층뿐만 아니라 중산층도 세계화에 대한 반감이 높아졌다.

이 밖에도 여러 가지 복합적인 요인들 때문에 탈세계화는 수년 전부터 시작되었다. (이에 대해서는 다음 장에서 구체적으로 설명할 것이다.) 이제 코로나 사태로 인해 세계화(글로벌라이제이션; globalization)의 속도가 느려지고 있다는 의미의 슬로벌라이제이션보다는 디글로벌라이제이션(deglobalization), 즉 탈세계화가 본격화할 것이다.

유럽은 미국과 함께 세계화를 가장 선두에서 추진한 지역이다. 자체적으로는 유럽연합(EU)를 결성하고 일찌감치 상품뿐만 아니라 자본과 노동력의 역내 이동을 자유화했다. 또한 통화동맹을 체결하여 유로(Euro)를 단일 통화로 사용함으로써 역내 교역의 효율성을 극대화해 왔다. 아울러 재정 측면에서도 각 회원국들은 재정적자는

GDP의 3% 이내, 정부 부채는 GDP의 60% 이내에만 하도록 '안정 및 성장에 관한 협약'도 체결했다. 아울러 EU의 공동 예산도 편성해 왔다.

그런데 EU는 코로나 사태에 대해 범EU 차원의 공동 대응 조치를 하지 못했다. 이탈리아가 단독으로 국경을 봉쇄했고, 프랑스가 뒤를 이었다. 게다가 독일과 프랑스는 의료용 마스크의 해외 수출을 금지하면서 EU의 다른 회원국으로의 수출까지 봉쇄했다. 공동 시장의 기본 원칙이 깨진 것이다. 코로나가 유럽에서 가장 먼저 확산된 나라인 이탈리아는 2020년 3월 초 응급 의료 장비가 부족하게 되자 다른 EU 국가들에게 지원을 요청했지만 그 어떤 EU 회원국도 이에 응하지 않았다. 게다가 유럽 전역에 촘촘히 엮여진 역내 가치 사슬은 코로나 사태가 발발하자 곳곳에서 끊어졌다.

모든 EU 회원국들이 코로나 사태로 경제위기에 몰려 있는 상황이다. 이탈리아, 스페인 등 경제 상황이 나쁜 남유럽 회원국들이 특히 더 큰 타격을 받고 있다. 이들은 이미 국가 부채가 막대한 상황에서 실물경제까지 마비되면서 독일, 네덜란드 등 선진 회원국들이 구제해 주기를 바라고 있다. 구제 조치가 신속히 진행되지 않으면 남유럽 회원국들은 반발할 것이고, 반대로 구제 조치로 인해 선진 회원국들의 부담이 커지면 이들 내부의 반발이 클 것이다.

결국, 코로나 사태는 브렉시트(Brexit, 영국의 EU 탈퇴)로 이미 힘이 빠지고 있는 EU의 결속력 약화를 가져와 EU 해체의 공포, 특히 유로 존의 와해 우려가 현실화될 가능성이 높다.

한편, 아시아·태평양 지역은 유럽과 함께 가치사슬이 가장 촘 촘히 엮어진 지역이다. 미국과 일본이 앞장서 중국과 베트남 등에 부품과 완제품 생산 기지를 만들었다. 그런데 코로나로 중국이 봉 쇄 조치를 취하자 아시아·태평양 지역의 가치사슬이 멈춰 섰다. 베 트남, 필리핀 등의 국가들이 중국의 뒤를 이어 멈춰 서자 중국뿐만 아니라 아시아 신흥국들이 안정적인 생산 기지가 아니라는 인식이 강화되었다. 코로나 사태가 터지자 상황 파악조차 제대로 되지 않 고 생산 관리를 위한 인원조차 접근할 수 없게 되었다. 글로벌 기업 들은 자신이 투자한 자산이 더 이상 자신의 손에 의해 통제되지 않 는다는 점을 인식하게 된 것이다.

세계화의 주역인 글로벌 기업들이 이러한 인식을 하게 되면 지 금까지의 면대면의 물리적(physical) 공급망은 붕괴될 수밖에 없다. 일부는 본국으로 돌아가는 리쇼어링을 할 것이고, 일부는 보다 안 전한 투자처로 옮기는 디쇼어링(Deshoring; deplace+shoring)도 본격화할 것이다.

아울러 여러 나라들이 보건용 마스크와 진단 장비 수출을 제한 하고 곡물 수출국들이 곡물 수출을 제한하면서 자유 무역이 보건 안보와 식량 안보에 취약함을 확인시켰다. 이는 각국으로 하여금

적어도 의약품과 생필품 그리고 식량의 자급자족 필요성을 깨닫게 해주었다.

코로나 바이러스는 세계가 세계화에 따른 초연결 사회이기 때문에 더욱 빠르게 확산되었다. 그리고 코로나 팬데믹은 전 세계적 문제이기 때문에 전 세계가 공동의 대응을 하는 것이 가장 효과적이다. 그러나 세계보건기구(WHO)는 중국에 일방적인 편을 든다는 비난을 받으며 공동 대응에 앞장서지 못하고 있다. 유엔, G20, UNCTAD 등 여러 다자 기구들도 마찬가지이다.

공급 충격을 줄이기 위해 세계 각국은 무역 장벽을 쌓는 대신 무역 장벽을 낮춰야 한다. 그러나 현실은 정반대로 전개되고 있다. 각국은 경쟁적으로 비난의 화살을 외국으로 돌리면서 수출 제한과 수입 제한을 하고 있다. 그럼에도 세계무역기구(WTO)는 회원국들이 보호무역주의로 회귀하는 것을 전혀 막지 못하고 있다. 세계화의 근간이 되어 왔던 다자주의 체제인 WTO 체제가 위협받는 상황이 된 것이다.

코로나 사태를 맞아 본격적인 탈세계화가 시작된 것이다.

탈세계화의 근본 원인

세계화의 역사

코로나 사태로 본격화될 '탈세계화'는 사실 이미 몇 년 전부터 시작되었다. 이 장에서는 탈세계화의 근본 원인들을 설명한다. 그런데 현재 우리가 살고 있는 시대의 세계화는 근세 이후 처음이 아니다. 따라서 현재의 세계화가 왜 퇴장할 수밖에 없는가에 대한 근본 원인을 이해하기 위해 세계화가 진행되어 온 역사를 간단히 살펴본다.

19세기 초 시작된 1차 산업혁명 이후부터 현재까지의 기간은 인류 역사상 가장 빠른 속도로 삶의 질이 개선된 기간이다. 〈그림 2-1〉에서 보는 것처럼 경제사학자인 닐슨(R. W. Neilson)의 추계에 따르면 세계의 일인당 국민소득은 1,500년경까지 거의 변화가 없었다. 그러던 세계의 일인당 국민소득은 18세기 중엽 영국을 필두로 유럽과 북미 지역에서 산업혁명이 확산되면서 도약(takeoff)을 한 후 현재까지 급속한 성장을 해왔다.

이러한 급속한 성장이 가능했던 것은 1차에 이어 2차와 3차로 이어지는 산업혁명으로 대표되는 급속한 기술 진보 때문이었다. 그리고 산업혁명과 함께 확산된 세계화 때문이었다. 1차 산업혁명은 원료 수요와 제품 생산을 크게 늘렸고 증기 선박과 증기 기관차가 원료와 완성품을 빠르고 저렴하게 수송하면서 무역과 해외 투자를

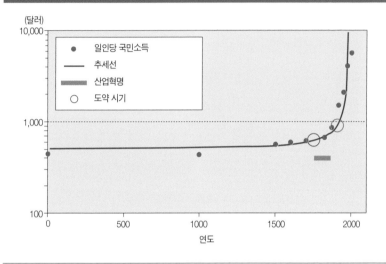

그림 2-1 세계의 일인당 국민소득의 역사적 변화 추이(1990년 기준)

자료: R. W. Nielson(2016), "Puzzling properties of the historical growth rate of income per capita explained," *Journal of Economics Library*, 30: 2.

급속히 증가시켰다. 차(tea)와 각종 향신료 무역도 크게 증가했고 신대륙과의 무역도 증가했다. 이것이 '1차 세계화'이다. 1차 산업혁명이 가져온 1차 세계화는 다시 기술 혁신을 촉진하며 경제를 성장시켰다. 이처럼 1차 산업혁명과 함께 1차 세계화는 기원후 거의 변화가 없었던 인류의 소득 수준을 도약시키는 원동력이 되었다. 〈그림 2-2〉에서 보는 것처럼 1870부터 1913년까지 세계 무역은 약 7배, 생산량은 약 5배 증가했다. 이 기간의 세계화는 산업혁명이 가장 먼저 시작된 영국이 주도했다. 영국은 전 세계에 식민지를 '개척'하여 '해

그림 2-2 세계화의 역사

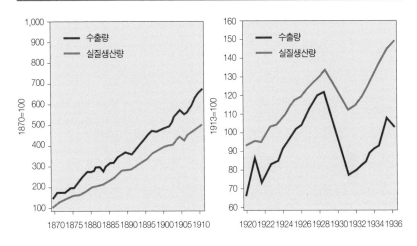

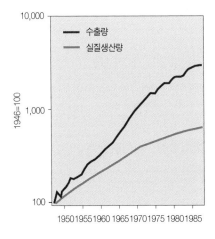

자료: Douglas A. Irwin(1995), "GATT in Historical Perspective," *American Economic Review*, Vol. 85, pp. 323~28.

가 지지 않는 대영제국'이 되었다. 영국뿐만 아니라 뒤늦게 추격한 프랑스, 독일 등 유럽 열강들은 앞다투어 아프리카 등 해외 식민지 건설에 열을 올렸다.

1차 세계화는 1914년 제1차 세계대전이 발발하면서 끝이 났고, '2차 세계화'는 1918년 제1차 세계대전의 종식과 함께 시작되었다. 1918년 11월 독일이 항복하자 다음 해부터 세계 무역과 생산은 다시 빠른 속도로 증가해서 세계 대공황이 발생하기 직전인 1928년에는 1913년의 1.3배 수준까지 도달했다. 이 기간에 경제가 빠르게 성장할 수 있었던 것은 전기와 자동차가 발명되고 대량 생산 방식이 도입되었기 때문이었다. 이 시기는 미국이 주도했다. 그러나 세계 대공황과 함께 미국을 시발로 각국이 보호 무역 정책을 도입하면서 세계 무역과 생산은 모두 크게 감소했다가 1931년부터 점차 증가해서 세계 무역은 1913년 수준의 1.5배까지 증가했다. 다만 세계 생산량은 겨우 1913년 수준에 도달했다. 하지만 2차 세계화는 1939년 제2차 세계대전이 발발하자 종말을 맞았다.

현재 우리가 경험하고 있는 '3차 세계화'는 제2차 세계대전이 끝나면서 시작되었다. 제2차 세계대전이 끝나기 직전인 1944년 승리를 눈앞에 둔 미국을 위시한 서방 연합국들이 IMF을 설립하고 미국 달러화 중심의 고정 환율 제도를 채택하는 브레튼우즈 체제를 만들었다. 아울러 1947년 이들의 주도로 '관세 및 무역에 관한 일반협정'

(GATT)이 체결되면서 국제 무역은 크게 확대될 수 있는 제도적 기반이 마련되었다. 이러한 국제 협력 체제는 또 다른 전쟁을 예방하기 위한 목적이 컸다. 아울러 시장 개방과 경제 부흥을 통해 사회주의의 확산을 막으려는 목적도 있었다.

3차 세계화는 특히 1990년대 이후 급속히 확산되었다. GATT는 8번째 다자간 협상인 우루과이라운드를 타결시킨 후 1995년 세계무역기구(WTO)로 변신했다. 이로써 공산품뿐만 아니라 농산품과 서비스까지 모두 자유 무역 대상이 되었다. 한편, 유럽의 경제 공동체인 EC는 마스트리히트 조약(1991년)에 따라 1994년 EU로 변신하여 경제 동맹을 체결하고 1999년 단일 통화인 유로를 도입하였다. 또 한편, 1991년 구소련이 무너지고 러시아를 비롯한 구소련 공화국들은 자본주의 시장경제로의 체제 이행을 추진하면서 세계 무역과 투자는 더욱 급속히 확대되었다.

인터넷의 발달로 세계의 정보가 손쉽게 공유된 것도 세계의 무역과 투자 확대에 기여했다. 한편으로는 컨테이너 운송 기술의 발전으로 운송비를 크게 줄인 것도 세계 무역의 확대에 기여했다. 제2차 세계대전 이후의 세계화를 통해 전후 서구 유럽은 빠른 복구를 이루었고, 뒤이어 일본을 위시한 다수의 동아시아 국가들이 경제 발전을 가져왔다.

그러나 세계화는 몇 년 전부터 쇠퇴하는 기미를 보이고 있었다.

세계경제포럼의 세계화 시기 구분

스위스 다보스에서 매년 개최하는 세계경제포럼(WEF) 사무국은 세계화 시기 구분을 여기서 설명한 것과 달리하고 있다. 1차 세계화 시기는 19세기부터 1914년까지로 위에서 설명한 기간과 같다. 그러나 제1차 세계대전과 제2차 세계대전 사이의 기간은 세계화 기간으로 보지 않는다. 그리고 위에서 설명한 3차 세계화 기간을 셋으로 나누어 세분화하고 있다. 1945년부터 1989년까지의 기간을 'Globalization 2.0', 1989년부터 2008년까지의 기간을 'Globalization 3.0', 그리고 2008년 이후부터 현재까지를 'Globalization 4.0'으로 구분하고 있다. 비록 설명 방식은 다르지만 현재의 세계화가 역사상 처음이 아니며 계속 변화해 왔다는 것이다.

....

* Economic Forum(2019. 1), "A brief history of globalization".

여러 가지 복합적인 요인이 작용해서 나타난 현상이다. 이러한 요인들은 코로나 사태와 상승 작용을 하면서 더욱 본격적으로 탈세계화를 부추길 것이다.

사회 양극화에 따른 세계화에 대한 반감

제2차 세계대전 이후, 특히 1990년대 이후 급속히 상품 무역과 서비스 무역이 확대되었고 자본과 노동의 국가 간 이동도 크게 확대되었다. 이런 산출물(상품과 서비스)과 투입물(자본과 노동)의 자유화와 이에 따른 시장의 확대는 생산 효율을 높이고 규모의 경제 효과를 통해 경제성장의 원동력이 되어 삶의 전반적인 수준을 높여왔다. 즉, 세계화와 기술 발전이 서로 상승 작용을 하면서 인류는 역사상 가장 빠른 속도로 삶의 질을 개선할 수 있었다.

그러나 세계화와 기술 발전은 양날의 칼과 같이 경제성장을 촉진하는 역할을 한 동시에 각국에서 소득과 부의 양극화를 심화시키는 결과도 함께 가져왔다. 이러한 소득과 부의 양극화 현상은 1990년대 이후 세계화를 주도해 왔던 선진국들뿐만 아니라 여기에 적극적으로 편승해 온 개발도상국들에게서도 공통적으로 나타나고 있다.

〈그림 2-3〉에서 보는 것처럼 미국, 영국, 프랑스에서 상위 1% 인구가 차지하는 부의 비중은 1980년대까지는 대체로 감소했다. 그러나 세계화가 급속히 확산된 1990년대부터 이들 모든 나라에서 상위 1% 인구가 차지하는 부의 비중이 지속적으로 증가했다. 특히 시장경제 체제로의 전환과 시장 개방이 빠르게 진행된 러시아와 중국에

그림 2-3 확대되는 부(wealth)의 집중화

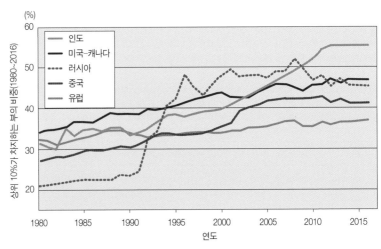

자료: World Inequality Lab(2018), *World Inequality Report 2018.*

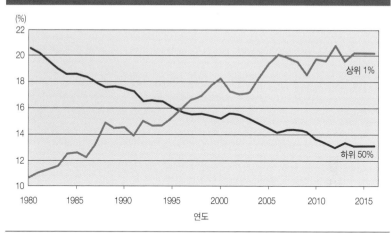

그림 2-4 확대되는 소득(income) 양극화(미국)

자료: World Inequality Lab(2018), *World Inequality Report 2018*.

서도 두드러졌다. 세계화를 선도한 미국에서는 이미 1980년대부터 이러한 현상이 두드러지게 나타났다. 인구 10%가 차지한 부의 비중을 기준으로 보더라도 1990년대 이후 계속해서 세계의 주요 국가들 대부분에서 부의 집중화가 심화되어 왔음을 알 수 있다.

부의 집중과 함께 소득의 양극화도 빠르게 진행되어 왔다. 〈그림 2-4〉에서 보는 것처럼 미국의 경우 1990년대 초만 하더라도 하위 50% 인구에게 돌아가는 국민소득 비중이 상위 1% 인구가 차지하는 비중보다 컸다. 그러나 세계화가 급속히 확산되던 1990년대 후반이 되자 역전되었다. 2016년 기준으로 하위 50% 인구가 차지하는 국민소득 비중은 13%인 데 반해, 상위 1% 인구가 차지하는 국민소득 비중은 무려 20%를 상회하는 상황까지 이르렀다.

이렇듯 세계화가 급속히 확산되기 시작했던 1990년대 이후부터 부가 소수에게 집중되고 소득이 양극화되면서 인구의 대부분을 차지하고 있는 중산층 이하의 사람들은 세계화에 반감을 갖게 된 것이다.

OECD의 한 연구보고서[1]는 1990년부터 2010년 기간 동안 세계화가 심화될수록, 즉 글로벌 무역과 투자가 증가할수록 각국에서의 소득 불평등도는 증가했다는 결과를 제시하고 있다. IMF 보고서[2]에 따르면 1980년대 중반 이후 2012년까지 소득 불평등 증가에 기여한 요인으로 노동시장의 유연화(labor market flexibility)가 가장 중요하다. 그 외에 금융시장 고도화(financial deepening), 기술 발전(technology), 금융시장 개방(financial openness)의 순으로 소득 불평등에 영향을 미치는 것으로 나타났다.

노동시장 유연화는 세계화의 결과로 나타난 것이다. 즉, 세계 각국은 상품, 서비스, 투자 등 모든 분야에서 전방위적인 개방이 이루어짐에 따라 다른 나라들과의 무차별적 경쟁에서 살아남기 위해 노동시장 유연화 정책을 시행해 오고 있기 때문이다. 예를 들어, 한

---

1 A. Bergh, A. Kolev, and C. Tassot(2017), "Economic globalisation, inequality and the role of social protection," Working Paper No. 341, OECD.
2 E. Dabla-Norris et al.(2015), "Causes and Consequences of Income Inequality: A Global Perspective," IMF Staff Discussion Note, SDN/15/13.

국은 1997년 외환위기를 겪으면서 IMF의 구제 금융을 받는 조건의 하나로 기업·금융·공공·노동 부문에 대한 구조 개혁을 실시했다. 그 결과 한때 일본과 함께 평생 고용 제도가 일반적이었던 한국의 노동시장은 소위 유연화라는 이름하에 기업이 노동자를 해고하기 쉽도록 하는 한편, 비정규직의 고용을 확대하도록 했다. 그러자 실업률이 증가하고 비정규직이 확대됨으로써 소득 양극화가 심화된 것이다. 소득 양극화의 두 번째 요인으로 지적된 금융시장의 발전 (financial deepening)도 세계화의 일부라고 할 수 있는 금융시장이 개방되고 경쟁이 심화되기 때문에 나타난 것이다.

IMF 보고서는 또 선진국의 경우에 기술 프리미엄(skill premium), 즉 교육 수준의 차이를 제일 중요한 소득 양극화의 원인으로 지적했다.[3] 교육 수준의 차이가 가장 중요한 소득 양극화의 원인이 된 이유는 시장이 개방되어 기술과 언어 구사 면에서 세계적 경쟁력을 갖춘 인재에 대한 수요가 높아지면서 나타난 현상이다. 결국 세계적으로 나타나고 있는 소득 양극화(그리고 부의 집중화)는 무역 개방과 금융시장 개방이라는 세계화의 결과로 나타난 것이다.

세계화는 전방위적인 경쟁을 의미하는 것이고 따라서 승자와 패자가 더욱 확연히 나타나게 된다. 국내에서 국내 기업들끼리만

---

3 이 연구에서는 기술 프리미엄을 나타내는 대용 변수로서 15세 이상 인구의 평균 교육 연수를 사용했다.

경쟁하던 기업들은 세계적인 기업들과 경쟁하면서 시장에서 퇴출되는 경우도 많이 발생할 수밖에 없다. 반면에 국내 시장에 머물던 국내 기업들이 세계 시장으로 나아가 수익을 크게 확대할 수도 있게 된 것이다. 그 결과 개인들의 입장에서도 승자 기업에 종사하는 사람들과 패자 기업에 종사하는 사람들 간의 소득 격차가 커질 수밖에 없게 된 것이다.

문제는 이미 가입한 국제기구 규범 때문에 사회적 갈등을 해결하기 위한 민주적 의사결정이 이루어질 수 없다는 것이다. 예를 들어, WTO의 규범 때문에 회원국 정부는 경쟁력이 약한 국내 산업이나 기업에 대해 보조금 지급과 같은 지원을 할 수 없다. 이른바 세계 경제의 정치적 트라일레마(trilemma)로 인한 세계화의 역설(globalization paradox) 상황에 이른 것이다.

이는 하버드대 케네디 스쿨의 교수인 다니 로드릭(Dani Rodrik)이 주장한 것으로 각국은 민주정치(democratic politics), 국가 주권(national sovereignty), 초세계화(hyper-globalization) 중 두 가지만을 선택할 수 있다는 것이다. 〈그림 2-5〉에서 보는 것처럼 브레튼우즈 체제는 주권과 민주 정치를 선택하고 초세계화는 포기한 체제이다. 즉, 각국의 주권과 민주적 의사결정 시스템을 침범하지 않는 정도까지만 국제 무역과 투자가 허용되었다.

브레튼우즈 체제의 정반대는 세계가 하나의 국가가 되는 것이

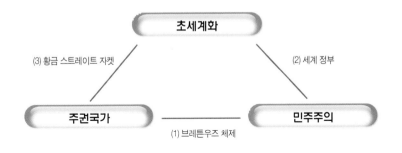

그림 2-5 세계경제의 정치적 트라일레마

초세계화

(3) 황금 스트레이트 자켓

(2) 세계 정부

주권국가

민주주의

(1) 브레튼우즈 체제

다. 즉, 국제 무역과 투자가 완전히 자유롭고 각국의 민주 정치도 지킬 수 있다. 다만, 각국의 주권은 포기하는 체제이다. 마치 미국의 50개 주가 통합되어 하나의 국가가 된 것과 같다. 즉, 미국 전역에서 완전한 자유 무역과 투자가 이루어지는 동시에 주별로 민주 정치가 보장되는 반면, 각 주의 국가 주권은 포기한 것과 비슷하다 할 수 있다.

이 두 가지 체제 사이에 있는 것이 현재 종말을 향해 가고 있는 WTO 중심의 국제경제 질서라고 할 수 있다. 즉, 세계 각국이 주권을 지키면서 상품, 자본, 노동의 국가 간 이동을 자유롭게 하는 국제 규범을 만들었다. 이렇게 되자 자유 무역에 따른 이익은 극대화되어 부유하게 되었지만, 각국에서 사회 양극화 등의 세계화에 따른 부작용이 생기더라도 국제 규범에 어긋나는 독자적인 민주적 의사결정을 할 수 없게 되었다. 초세계화로 각국이 황금 자켓(golden jacket)을 입었지만 소매 전체가 묶여져 움직일 수 없는 죄수들의 스트레이트 자켓(straight-jacket)을 입은 것과 같은 상황이 된 것이다. 이렇다 보니 각국에서 세계화에 대한 반발이 일어나고 궁극적으로 황금 스트레이트 자켓(golden straight-jacket)을 벗어 버리게 된다는 것이다. 즉, 탈세계화는 세계화의 역설(globalization paradox)이라는 것이다. WTO 체제보다 더욱 강력한 유럽연합 체제에서 영국이 탈퇴하는 것도 바로 이런 이유 때문이고, 궁극적으로 유럽연합 전체가 와해될 수밖에 없다는 것이다.

결국 세계화로부터 피해를 입은 사람들이 세계화를 반대하는 것은 당연한 귀결이었다. 미국의 저널리스트 존 주디스(John Judis)는 국민들이 원하는 바와 지배 구조가 서로 충돌할 때 주로 포퓰리즘이 등장한다고 설명한다.[4] 미국과 유럽에서 극우 포퓰리스트 정권들이 속속 들어선 것도 이 때문이다.

코로나 사태는 앞에서 설명한 것처럼 주로 저소득층에 많은 피해를 주고 있다. 그리고 대기업보다는 중소기업들의 피해가 크다. 따라서 코로나 사태는 결국 각국에서 소득 계층 간 양극화를 더욱 심화시킬 것이다. 이로써 포퓰리즘과 반세계화 정서도 더욱 확산될 것이다.

---

4 존 주디스 저, 오공훈 역(2017), 『포퓰리즘의 세계화』, 메디치미디어(원제 *The Populist Explosion*).

신흥국의 추격에 따른 선후진국 간의 갈등

세계화는 미국과 중국이 선봉에 섰기 때문에 급속한 확산이 가능했다고 해도 과언이 아니다. 미국은 중국의 세계무역기구(WTO) 가입(2001년)을 적극적으로 지지했었다. 이는 무엇보다 중국의 세계 경제 편입을 통한 체제 변혁을 기대했기 때문이었다. 미국은 얼마 전까지만 해도 자국 기업들의 중국 진출을 적극 지지했고, 이로써 중국은 글로벌 공급망에서 중간재 생산이나 최종재 조립을 담당하는 '세계의 공장'으로 급성장했다. 글로벌 공급망 한가운데에 중국이 서게 되었고 세계 모든 나라들이 중국에 의존하게 된 것이다.

그런데 중국의 체제 변혁은 기대 수준에 훨씬 못 미쳤다. 중국이 오히려 G2로 부상하고 미국 주도의 세계 질서에 도전하는 상황이 되었다. 특히 시진핑 주석이 미국을 능가하는 세계 최강이 되겠다는 '중국몽'(中國夢)을 주창하면서 미국으로서는 이를 더 이상 두고 볼 수 없게 된 것이다.

1995년 중국의 경제 규모는 미국의 10분의 1밖에 되지 않았다. 그러던 중국은 2010년대 초가 되면서 미국의 2분의 1로 따라잡았다. 지금 추세로 가면 2020년대 후반에는 중국이 미국을 추월할 것으로 많은 연구 기관들이 전망하고 있다. 다른 선진국들 또한 세계화의 진척과 함께 신흥국들이 맹추격해 오면서 기존의 위상을 위협받게

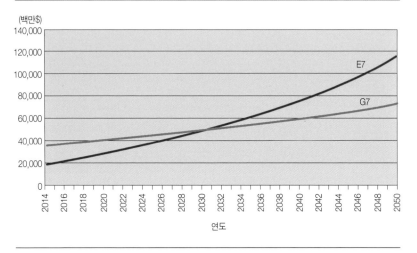

그림 2-6 G7과 E7 간의 좁아지는 격차(GDP, 2014년 US$ 가치)

자료: PwC(2015), *The World in 2050 – Will the shift in global economic power continue?*.

되고 시장이 잠식당하게 되었다.

　신흥국들은 앞으로도 계속 빠른 속도로 선진국들을 추격할 것이다. 중국, 인도, 브라질, 러시아, 인도네시아, 멕시코, 터키로 이루어진 신흥 7개국(E7)의 경제 규모는 실질구매력을 기준으로 미국, 일본, 독일, 영국, 프랑스, 이탈리아, 캐나다의 선진 7개국(G7) 경제 규모를 이미 추월했다. 글로벌 컨설팅 회사인 PwC의 추계에 의하면 시장가격 기준으로 한 E7의 경제 규모는 아직까지는 G7에 미치지 못하고 있지만 2030년경이면 추월할 것이라는 전망이다.

　선진국들은 신흥국들에게 추격당하면서 자국의 산업 경쟁력이 약화되고 고용이 악화되면서 보호무역주의로 선회할 수밖에 없는 상황인 것이다. 선진국의 글로벌 기업들 입장에서도 개도국 기업들의 경쟁력이 강화되고 현지 노동자들의 임금이 급속히 상승하는 것도 현지 시장 진출을 위한 투자 유인을 감소시키는 원인이다. 글로벌 기업들에게 있어서 "해외 진출은 이제 득(advantage)이 아니라 짐(burden)이 되고 있는 상황에 이른 것이다."[5]

이런 와중에 중국에서 시작된 코로나 사태는 미국을 비롯한 선진국들에게 중국을 때릴 수 있는 명분을 제공하고 있다. 이른바 중국이 사태 초기 심각성을 숨겼다거나, 해외로 번져 나가는 것을 방조했다는 비난을 넘어 이제는 중국이 의도적으로 코로나 바이러스를 퍼뜨렸다는 음모론이 그것이다. 이를 계기로 신흥국의 최강자인 중국과의 '디커플링'(decoupling)을 통해 중국의 추격을 막아 보겠다는 계산인 것이다.

4차 산업혁명에 따른 글로벌 공급망 재편

4차 산업혁명은 2011년 독일에서 처음 주창한 〈인더스트리(Industry) 4.0〉이 효시라고 할 수 있다. 〈인더스트리 4.0〉은 주로 제조

---

5 *The Economist*, 2017년 1월 28일자.

업 분야에서 인터넷과 결합한 기계 자동화를 의미했다. 4차 산업혁명은 인공지능(AI), 빅 데이터 등과 결합한 제조 공정뿐만 아니라 제품 개발과 서비스 분야에까지 이르는 전 산업의 스마트 기술혁명을 의미한다.

4차 산업혁명의 전도사 역할을 자임하고 있는 클라우스 슈밥(Klaus Schwab)은 2016년 세계경제포럼(WEF)에서 "지금 우리는 우리가 생활하고, 일하며, 상호 관계하는 방법 모두를 근본적으로 바꿀 기술혁명의 시점에 서 있다." 그리고 "그 규모와 범위, 복합성에 있어서 이번에 겪게 될 변화는 인류가 경험해 보지 못한 정도"라고 말하고 있다.

1차에서 3차에 이르는 산업혁명은 인간의 육체노동이 기계에 의해서 대체되는 결과를 가져왔다. 동시에 새로운 산업과 일자리를 창출했다. 4차 산업혁명으로 인간의 육체노동뿐만 아니라 정신노동까지 인공지능, 빅 데이터, 로봇, 3D 프린팅, 사물인터넷(IoT) 등에 의해서 대체되고 있다. 이에 따라 산업 전반의 생산성은 크게 높아지고 있다. 그런데 1~3차 산업혁명 때와 달리 4차 산업혁명 기술은 고기술 노동자를 위한 일자리만을 새롭게 창출하고 있다.

따라서 새로운 기술에 적응하지 못하는 사람들은 노동의 기회를 박탈당하고, 새로운 기술에 적응한 사람들과의 소득 및 부의 격차가 더욱 심화되고 있다. 비록 기술 변화에 따른 사회 양극화라 하더라도 정치인들은 비난의 대상을 외부(즉, 세계화)로 돌리는 것이 역사적 경험이다.

한편, 생산 과정에서 육체노동의 중요성이 크게 감소하여 개발도상국의 저렴한 노동력의 중요성이 상대적으로 감소하였다. 따라서 기업들은 4차 산업혁명을 선도하는 선진 본국으로 회귀하여 신기술을 생산에 활용하는 것이 생산 효율을 높이고 생산비를 낮추는 데 유리한 상황이다.

미국의 리쇼어링연구소(Reshoring Institute)는 2015년 발간한 보고서에서 사물인터넷, 로봇, 기계 자동화 혁신이 미국의 제조 기업들이 리쇼어링하도록 하는 핵심 요소라고 분석하고 있다. 『LSE 비즈니스 리뷰』의 2019년 보고서에서도 자동화(automation)가 리쇼어링을 더욱 가속화할 것이라는 연구 결과를 발표하고 있다.[6]

앞으로 좀 더 구체적으로 설명하겠지만, 코로나 사태로 기업들은 면대면 접촉을 줄이기 위한 기술 혁신을 가속화하면서 로봇, 빅데이터, 인공지능, 3D 프린팅 등을 활용한 스마트 팩토리를 늘려 나갈 것이다. 이러한 4차 산업혁명 기술의 발전은 개발도상국의 저렴한 노동력의 중요성을 더욱 감소시켜 기업들로 하여금 해외에 있는 공장들을 본국으로 리쇼어링하도록 하는 결과를 가져올 것이다.

6　Astrid Krenz et al.(2019), "Industrial robots are bringing jobs back home, but not for low-skilled workers," *LSE Business Review*.

결국 4차 산업혁명 기술의 발전은 사회 양극화를 더욱 확대시켜 반세계화 정서를 더욱 부추기는 한편, 노동력의 중요성을 감소시켜 본격적인 탈세계화를 촉진할 것이다.

인구 고령화에 따른 구조적 경기 침체

세계 인구는 급격히 고령화하고 있다. 특히 유럽과 북미의 선진국은 인구 고령화가 매우 심각한 상황이다.

유엔(UN)의 추계에 의하면, 2019년 기준으로 65세 이상의 인구 비중은 일본이 28%로 세계 1위이고, 이탈리아(23%), 포르투갈(22.4%), 핀란드(22.1%), 그리스(21.9%), 독일(21.6%), 프랑스(20.4%), 스웨덴(20.2%), 덴마크(20.0%)가 초고령 사회로 진입했다. 스페인(19.6%), 네덜란드(19.6%), 오스트리아(19.1%), 벨기에(19%), 스위스(18.8%), 영국(18.5%) 등의 서유럽 국가들도 초고령 사회 국가로 접근하고 있다. 미국(16.2%)과 캐나다(17.6%)도 한국(15.1%)보다 높은 수준의 고령 사회이다.[7]

고령 인구는 노동참가율이 낮고, 참가하더라도 노동 생산성이

---

7 United Nations(2019), *World Population Prospects 2019.*

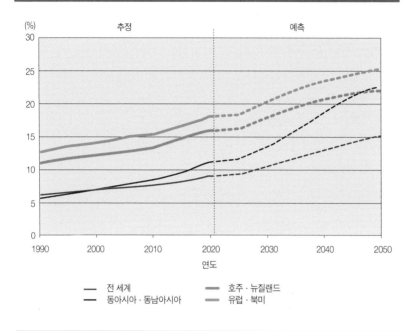

그림 2-7 세계의 지역별 65세 이상 인구(1990~2050)

자료: United Nations(2019), *World Population Ageing 2019.*

낮고 저축률도 낮은 편이다. 그리고 고령 인구 비중이 많아지면서 생산가능인구 비중이 상대적으로 감소하게 되고 정부의 사회복지 지출이 증가하게 되어 경제성장 잠재력이 떨어지게 된다.

이와 관련해 저자가 인구 고령화가 경제성장에 미치는 영향에 대해 발표한 두 편의 연구 논문을 소개한다. 첫 번째 연구 논문은 일본 경제사회총합연구소의 의뢰를 받아 신관호 교수(고려대)와 박동

현 박사(아시아개발은행; ADB)와 공동으로 2017년 발표한 것이다.[8]

이 연구는 1960년부터 2014년 기간 전 세계 142개국을 대상으로 한 패널 자료를 이용해서 실증분석을 했다. 그 결과 전체 인구 중 생산가능인구(15세 이상 65세 미만)가 증가할수록 경제성장 속도는 빨라지는 것을 확인했다. 한국을 비롯한 동아시아의 많은 나라들이 급속한 경제성장을 했던 주요 원인 중 하나가 바로 젊은 인구들이 많았기 때문이었다.

그러나 고령 인구(65세 이상) 비중이 증가할수록 경제성장 속도는 늦어지는 것을 확인했다. 구체적으로 고령 인구 비중이 10% 포인트 증가하면 연간 경제성장률이 3.5% 포인트 감소하였다.

두 번째 논문은 신관호 교수와 저자가 공동으로 한국연구재단의 연구 지원을 받아 수행한 연구이다.[9] 이 연구에서는 인구 고령화와 경제성장률 간의 관계가 선형(liner)이 아니라 비선형(nonlinear)임을 확인했다. 즉, 인구 고령화가 심화될수록 인구 고령화가 경제성장에 미치는 부정적인 영향이 지속적으로 커지게 된다. 이 의미는 한국과 같이 인구 고령화가 점점 심화되는 나라에서는 인구 고령화가 경제성장에 미치는 부정적 영향이 점점 더 커진다는 것이다.

8 H.-H. Lee, K. Shin, and D. Park(2017), "Population Aging and Its Impact on Economic Growth," 『內閣府經濟社會總合研究所 經濟分析』, 第196號, 159~79.
9 H.-H. Lee and K. Shin(2019), "Nonlinear Effects of Population Aging on Economic Growth," Japan and the World Economy, 51.

서방 선진국들은 이미 인구 고령화가 상당히 많이 진척되어 있어 구조적 경기 침체에 빠져들고 있다. 실제 일본은 고령 인구 비중이 15%를 넘는 시기인 1990년대 초부터 경기 침체를 막기 위해 많은 재정 지출과 돈을 퍼부었지만 그야말로 백약이 무효였다. 유럽의 대부분 국가들도 장기적이고 구조적인 침체(secular stagnation)에 빠져들고 있다.

인구 고령화로 인한 구조적이고 장기적인 경기 침체가 계속되면서 포퓰리스트 정권이 속속 들어서고 있다. 프랑스가 그렇고, 이탈리아, 그리스, 스페인 등이 그렇다.

코로나 팬데믹은 인구 고령화로 구조적인 장기 침체에 진입 중이던 선진국들을 일거에 깊은 수렁에 빠뜨렸다. 각국 정부는 천문학적인 재정을 쏟아붓고 중앙은행은 돈 풀기에 나서고 있다. 그러나 국가 채무 비율만 높아진 채 구조적인 장기 침체의 늪에서 헤어나지 못할 가능성이 크다. 특히 대부분의 서유럽이 인구 고령화로 구조적 경기 침체에 빠져 있던 터라, 이번 코로나 사태로 더욱 악화된 구조적 경기 침체를 명분으로 보다 강력한 반세계화 포퓰리즘 정책이 펼쳐질 가능성이 커지고 있다.

제 3 장

코로나 이후의 새로운 세계

역사는 반복된다

인류 역사를 보면 수많은 전염병이 존재했다. 그중 대표적인 전염병으로는 14세기 중반(1347~51)에 유럽에서 발생했던 흑사병(페스트)이 있다. 당시 유럽 인구의 3분의 1인 2,500만 명 정도가 사망한 것으로 추정되는 이 전염병으로 인해 당시 유럽 중세 사회는 많은 변화가 시작되었다.

흑사병이 일반인뿐만 아니라 수도사의 목숨까지 앗아 가면서 교회는 권위를 상실하여 교회 중심 사회였던 중세 유럽은 과학과 예술과 같은 인간 중심의 '르네상스' 시대를 열게 되었다. 인구가 감소하자 영주들은 농노 확보 경쟁에 나섰고, 이러한 경쟁은 결국 농노의 소득과 지위를 향상시켰다. 농노들의 소득이 많아지면서 소비가 촉진되었고, 높아진 임금에 비용 감소를 위한 방법을 찾게 되면서 1차 산업혁명을 불러왔고 자본주의가 태동하였다.

제1차 세계대전이 끝날 무렵 미국에서 시작된 스페인 독감(1918~20)은 전쟁으로 허약해진 병사들에게 전염되고, 종전 후 이 병사들이 귀향하면서 전 세계로 확산되었다. 이 독감으로 인한 사망자 수는 최소 2,500만에서 최대 1억 명으로 당시 전 세계 인구 16억명의 2~6%에 달한다고 추정된다. 이는 제1차 세계대전 당시 전사자수 9백만 명을 훨씬 넘는 수치이다.

세계대전 중이던 당시, 스페인 독감에 대응하는 국제 협력은 전혀 기대할 수 없었다. 각국은 교전중인 적국에 약점을 보일까봐 자료 공개조차 금지했다. 전쟁에 참가하지 않은 스페인만이 이 독감에 대한 보도를 대대적으로 하면서 스페인 독감이라는 이름을 얻게 되었다.

스페인 독감은 인구 감소에 따른 자본 집약적 산업의 발전을 가져왔다. 기계 설비 투자를 늘려 철강, 자동차, 전기 등 새로운 기술 혁신을 가져온 2차 산업혁명을 가속화시켰다. 그리고 이것이 미국의 도약적 발전으로 이어졌다. 그러나 자본 집약적 방식에 의한 대량 생산은 1920년대 말에 발생한 세계 대공황의 씨앗이 되었다.

이번 코로나가 과거의 흑사병이나 스페인 독감 정도의 변화를 촉발할 것인지 여부는 코로나에 대한 백신이나 치료약이 얼마나 빠르게 개발될 것인가에 달려 있을 것이다. 전문가들은 아무리 빨라도 2021년 이후에나 가능할 것으로 보고 있다. 스페인 독감의 경우, 1918년 봄철 1차 유행보다 가을철 2차 유행시 감염 규모가 다섯 배 정도 컸다. 코로나 바이러스도 여름철에 남반구로 이동했다가 가을철에 다시 북반구에서 크게 유행할 가능성이 크다고 한다.

이에 따라 이미 초고령 사회에 진입하면서 장기적이고 구조적인 경기 침체에 빠져들고 있던 선진국들을 위시한 세계 각국의 경제는 연이은 사회적 거리두기와 락다운(lockdown) 정책으로 경제 침체가 IMF 등의 국제기구 전망보다 훨씬 더 깊은 수렁에 빠질 가능성이 크다.

코로나 바이러스의 유행이 조기에 종식된다 하더라도 예전의 경제 활력을 되찾기는 쉽지 않을 것이다. 사회적 거리두기와 락다운은 끝나더라도 사람들은 학습 효과와 질병을 피하고자 하는 본능으로 공항과 시장에 가는 것을 꺼려 할 것이다. 소비와 생산 회복은 더딜 것이고 경제는 오랫동안 침체를 겪을 가능성이 크다.

역사는 반복된다. 경제 상황이 좋을 때는 자유 무역을 추구하지만 좋지 않을 때는 보호무역주의로 돌아선다는 것이 역사적 경험이다. 제2차 세계대전 이후 3차 세계화를 주도했던 미국은 그 전까지는 후발 산업 국가로서 보호 무역 정책으로 국내 산업을 보호하는 정책을 썼다. 특히 경제 상황이 어려워지면 더욱 강력한 보호 무역 정책을 썼다.

한 예를 들어 보자. 제1차 세계대전 기간 동안 전쟁에 참여하지 않았던 미국은 국내외 시장에서 농업이 호황을 누렸다. 그러나 전쟁이 끝나고 1920년대 들어 유럽의 농업이 다시 부상하기 시작했다. 이에 미국의 농업이 치열한 경쟁과 초과 생산으로 가격이 하락하자, 농업 이익 단체들은 정부에게 농산물 수입 규제 로비를 했다. 미 31대 대통령인 허버트 후버(Herbert Hoover)는 1928년 선거 운동 기간 중 농산물 수입 관세를 인상할 것을 약속하였고, 당선 후에는 다른 부분의 수입 관세도 인상하라는 압력을 받았다. 그럼에도 수입 관세 인상은 일부 중도파 공화당 의원들의 반대로 무산되었다.

그러나 1929년 10월 뉴욕 주식 시장 붕괴를 시작으로 경제 침체가 가속화되자, 수입 관세 인상은 다시 힘을 얻게 되어 약 20% 포인트의 관세율을 인상하는 스무트–홀리 관세법(Smoot-Hawley Tariff Act)이 상원에서 44 대 42로 통과되었고, 하원에서는 다수의 찬성으로 통과되었다. 1,000명이 넘는 경제학자들이 이 법안에 반대하였음에도 불구하고 후버 대통령은 1930년 6월 17일 서명함으로써 미국의 평균 수입관세율이 1932년 59.1%까지 높아졌다.

이와 같은 미국의 수입 관세율 인상은 유럽 국가들의 보복 관세를 불러왔다. 이들은 미국과 유사한 근린궁핍화(beggar-thy-neighbour) 관세를 부과하였다. 그 결과 미국 무역은 1929~32년 기간 동안 약 3분의 2가 감소하였고, 전 세계 무역은 약 3분의 1이 감소하였다. 이로써 가뜩이나 침체에 빠진 경제가 더욱 깊은 수렁에 빠지게 되었다.

현재의 상황도 90년 전인 1930년 전후의 상황과 크게 다르지 않다. 미국을 비롯한 서방 선진국들은 중국을 위시한 신흥국들이 등장하면서 그동안 누려 왔던 독점적 지위를 잃는 상황이 되었다. 게다가 인구 고령화로 구조적 경제 침체에 빠져들고 있는 와중에 코로나 사태로 전면적인 경제 마비가 왔다.

세계 각국은 현 상황에서 국제적 협력보다는 각자도생의 길을 가고 있다. 도널드 트럼프 미국 대통령은 코로나 사태에 '중국 책임론'을 거론하며 중국에 대해 관세 보복 가능성까지 언급했다. 그리고 2020년 1월 타결했던 미·중 1단계 무역 합의를 번복하고 무역 전쟁이 재발할 가능성까지 보이고 있다. 현 상황은 미국의 대(對)유럽 보호 무역 조치를 시작으로 유럽의 무역 보복이 단행되던 1930년대 초의 세계 대공황 초기와 닮아 가고 있는 것이다.

미·중 냉전 시대가 온다[1]

클린턴 행정부 시절에 미 국방부 차관보를 지낸 그레이엄 앨리슨(Graham Allison) 하버드대 교수는 『예정된 전쟁』(Destined for War)[2]이라는 책에서 미·중 간의 전쟁은 예정된 것이라고 단언하고 있다. 앨리슨 교수에 의하면 지난 500년간 신흥 국가의 부상이 기존 패권 국가와 강하게 충돌한 사례가 16번 있었는데 이 중에서 12번이 전쟁으로 끝이 났다. 이것이 바로 기존 패권 국가와 신흥 강대국은 결국 부

---

1 한국경제신문(2019년 8월 7일자)에 게재한 저자의 시론 "한·일 갈등, 선동의 확대 재생산 경계해야"의 일부 내용이 포함되었음.
2 그레이엄 앨리슨 지음, 정혜윤 옮김(2018), 『예정된 전쟁』, 세종서적.

딫칠 수밖에 없게 된다는 '투키디데스의 함정'(Thucydides trap)이다. 투키디데스의 함정은 그리스 역사가 투키디데스가 기존의 패권 세력인 스파르타와 새로 부상하는 아테네 간의 펠로폰네소스 전쟁을 분석한 데서 나온 말이다.

이번 코로나 사태로 기존 패권국인 미국과 신흥 강대국인 중국은 투키디데스 함정에 더욱더 빨리 빠져들고 있다. 미국은 코로나 사태 초기 중국 공산당이 신종 코로나 발병을 세계보건기구(WHO)에 제때 알리지 않았다고 비난했다. 코로나 사태의 최대 희생국이 된 미국은 이제 중국이 코로나 바이러스를 의도적으로 전 세계에 퍼뜨렸다는 음모설을 강하게 제기하고 있다. 동시에 코로나 책임을 물어 보복 관세와 함께 재정적 보상을 요구할 수도 있음을 시사하고 있다. 실제 미국 미주리주는 중국 정부에 책임을 묻는 소송을 주 법원에 냈다. 이에 중국 정부는 강력히 반발하고 있다.

미국인들의 중국에 대한 부정적 인식도 높아지고 있다. 미국의 여론 조사 기관 퓨 리서치(Pew Research)가 2020년 4월 중순 실시한 여론 조사 결과에 따르면, 미국 성인 66%가 중국에 대해 '비호감'이라고 답했다. 이는 2005년 관련 조사를 시작한 이후 최고치이다. 특히 '중국의 힘과 영향력을 위협으로 받아들이느냐'는 질문에는 응답자의 61%가 '그렇다'고 답했다.

중국인들의 미국에 대한 반감 또한 증가하고 있다. 2019년 말에 실시한 설문 조사에서 중국인들의 28%는 미국에 대해 반감을 표시했고, 미국에 대해 호감을 느끼는 응답자 비율은 1년 전 58%에서 39%로 급감했다.[3] 이는 코로나 사태가 확대되기 전에 실시한 여론 조사 결과이다. 코로나 사태 이후 중국인들의 미국에 대한 반감은 더욱 높아지고 있다는 것이 중국에 나가 있는 지인들로부터 듣고 있는 상황이다.

앞에서 설명한 것처럼 오늘날의 세계화는 근대 역사상 세 번째이다. 앞선 두 번의 세계화는 모두 선진 산업국들과 후발 산업국들 간의 세력 균형이 변화하는 시점에 세계대전이 발발해 종말을 맞았다. 현재의 3차 세계화도 앞에서 살펴본 것처럼, 기존의 국제 경제 질서를 뒤흔들었다. 신흥국이 대거 부상하면서 기존의 서방 선진국들의 위상에 도전하는 상황이 된 것이다. 아울러 세계화는 각국의 사회 구조도 변화시켰다. 소득과 부의 양극화로 인해 중산층이 줄어들면서 세계화에 대한 반감이 더 커져 왔다.

이번 코로나 사태로 경제 침체와 사회 양극화가 더욱 심화되자, 미·중 양국 정부뿐만 아니라 국민들도 상대에 대한 반감이 커지고 있어서 미·중 패권 싸움이 본격화되고 있는 형국이다. 그렇다면 우리가 현재 경험하고 있는 세 번째의 세계화도 앞선 두 차례의 세계화처럼 세계대전으로 종말을 맞을 것인가?

---

3 *The Diplomat*, 2020. 4. 10.

그럴 가능성은 크지 않을 것이다. 지난 500년간 신흥 국가와 기존 패권 국가가 충돌한 사례 16개 중에서 전쟁을 모면한 것은 4번 있었는데, 그중 대표적인 것이 미·소 냉전이다. 전쟁을 모면할 수 있었던 것은 핵무기로 무장한 양국이 뻔한 공멸의 길을 선택하지 않았기 때문이었다. 대신 미국과 소련은 사사건건 부딪치면서 직접적인 전쟁 대신 대리전을 벌였다.

이번에도 핵 강대국인 미국과 중국은 '신냉전'을 벌일 것이다. 이른바 미·중 냉전이다. 미·소 냉전은 자본주의권을 대표하는 미국과 사회주의권를 대표하는 구소련 간의 충돌이었다. 이에 반해 미·중 냉전은 선진국을 대표하는 미국과 신흥국을 대표하는 중국 간의 경제적 패권 다툼이다.

이제 미·중 두 나라는 동서 냉전 시대에 미국과 소련이 그랬던 것처럼 사사건건 대립할 것이다. 그리고 규모가 작은 나라들은 이들의 대립에서 어느 편에 설 것인지 선택을 강요당할 것이다.

미국은 또 글로벌 공급망의 탈중국화를 목표로 하는 '경제 번영 네트워크'(Economic Prosperity Network; EPN) 구상을 추진하는 것으로 알려졌다. 여기에 호주, 뉴질랜드, 인도, 일본, 베트남과 함께 한국의 참여를 요청하고 있다. 한국의 대중국 수출은 전체 수출액의 4분의 1에 이르고 대미국 수출의 두 배에 달한다. 이런 상황에서 한국의 선택은 난감할 수밖에 없다.

미국은 코로나 확진자 수와 사망자 수 모두 세계 1위의 불명예를 얻었다. 세계 최대 경제와 최강 군대를 가진 나라가 이렇게 쉽게 바이러스에 허물어지는 모습은 세계 많은 나라들에게는 놀라움 그 자체였다. 게다가 트럼프 대통령이 '아메리카 퍼스트'(America First)만을 내세우며 코로나 사태에 대한 국제적 대응을 거부하는 바람에 미국의 국제적 리더십은 크게 손상되었다.

반면에, 코로나 바이러스 전염이 시작되었던 중국은 일찌감치 사태를 안정시키고, 예전의 생산과 소비 활동을 속속 회복하고 있다. 동시에 중국은 세계 각국에 인공호흡기, 마스크, 방호복 등 의료물자를 제공하고 이탈리아에 의료진 300명을 파견했다. 일찍이 중국은 중국과 아시아-유럽-아프리카를 연결하는 '신(新)실크로드' 건설을 목적으로 하는 '일대일로'(一帶一路) 개발 프로젝트를 추진 중이었다. 중국은 이것의 연장선상에서 코로나 방역 성과와 함께 중국식 통치 모델을 홍보하고 있다. 이번 사태를 계기로 중국이 글로벌 리더로서의 이미지를 보이고 있는 것이다.

그럼에도 불구하고 중국은 서방 국가들로부터 미국을 대체하는 새로운 리더로 인정받기는 쉽지 않을 것이다. 독일의 최대 유력 일간지인 빌트(*BILD*)[4]는 시진핑 중국 국가 주석을 상대로 한 공개 편

---

4 2020년 4월 17일자.

지에서 "당신은 감시를 통해 통치한다", "당신은 중국을 지적 재산 탈취 분야에서 세계 챔피언으로 만들었다", "중국 최대의 수출 히트 상품은 코로나"라고 비판했다. 이어서 중국이 전 세계에 대량의 마스크와 의료 물자를 제공하는 데 대해 "이것은 우정이 아니라 '웃고 있는 제국주의'"라며 강도 높게 비판했다.

반면에 아프리카와 중남미 국가들은 동서 냉전 시대에는 소련의 편에 선 것처럼 남북 냉전 시대에는 중국 편에 설 가능성이 크다. 무엇보다 이들은 중국의 일대일로와 같은 신실크로드 정책을 통해 중국으로부터 많은 자금과 물자의 지원을 받고 있다. 게다가 코로나 사태를 맞아 미국은 자국의 문을 닫기에 바쁜 데 반해 중국은 이들 국가에게 방역·의료 장비 지원과 함께 대책을 조언하고 있다. 사실 이들 국가는 대다수가 중국과 유사한 독재 또는 권위주의 정권이 지배하고 있어서 중국 편에 서는 것이 전혀 이상하지 않은 상황이다.

미국이 코로나 사태로 글로벌 리더로서의 권위와 역할을 많이 잃었지만 중국의 권위주의적 사회주의에 대항하는 서방 세계는 결국 미국 편에 설 것이다. 이로써 미·중 간의 냉전은 양국만의 패권 다툼을 넘어서 중국과 중국 편에 선 개도국 그룹과 미국을 비롯한 선진 서방 세계와의 남·북 냉전이 될 것이라는 이야기다. 남(南)은 중국이 대표하는 개도국 그룹, 북(北)은 미국이 대표하는 선진국 그

룹이다.[5]

코로나 이후 미·중 냉전은 미국과 유럽의 서방 세력과 중국을 위시한 동아시아 세력과의 동서 대립이 될 것이라는 주장을 하는 학자들도 있다. 마치 미·중 냉전이 서양과 동양의 문명 충돌로 확대될 수 있다는 주장이다. 공산권이 몰락하고 미·소 냉전이 끝난 후, 미국의 정치학자 헌팅턴(Samuel P. Huntington)이 향후 국제 정치는 문명을 단위로 하는 세력 간의 충돌이 될 것이라고 주장했듯이 말이다.[6] 그러나 정치·군사적으로 미국과 가까운 일본을 비롯한 동아시아의 많은 국가들은 중국 편에 서지 않을 것이다. 그렇다고 동아시아 국가들은 지리적으로 가장 가깝고, 경제적으로도 크게 의존하고 있는 중국을 젖혀 두고 미국 편만 들기도 쉽지 않다.

한국을 비롯한 대부분의 동아시아 국가들은 그동안 세계화 덕분에 수출 주도형 또는 대외 지향적 정책으로 빠른 성장을 해올 수 있었다. 특히 미국과 일본의 글로벌 기업들이 아시아·태평양 지역에 구축한 글로벌 공급망에 분업 형태로 참여해 왔다. 그런데 미·중 냉전으로 아·태 지역 글로벌 공급망이 분절화되고 국제 무역과 투자가 위축되면 성장 동력이 크게 약화될 수밖에 없다.

---

5 일반적으로 지구의 북반구에는 선진국들이 주로 위치하고, 남반구에는 후진국들이 위치해 있었기 때문에 선진국은 북측, 후진국은 남측으로 불려 왔다.
6 S. Huntington(1996), *The Clash of Civilizations and the Remarking of World Order*, Simon & Schuster.

이코노미스트지는 "1914년 효과 – 세계화의 반작용"이라는 제목의 기사[7]에서 미·중을 대리로 하는 많은 국지전이 발생할 가능성이 크다고 지적했다. 미·소 냉전 시대에 구소련과 인접한 동유럽 국가들이 그랬던 것처럼, 미·중 냉전 시대에는 중국과 인접한 동아시아 국가들이 그럴 위험이 크다. 특히 팀 마샬(Tim Marshall)이 『지리의 힘』(*Prisoners of Geography*)[8]에서 언급한 대로 한반도의 지리적 특성 때문에 강대국의 경유지 역할을 할 수밖에 없었던 역사적 경험을 갖고 있는 남북한 분단 상태의 대한민국은 더욱 그렇다.

4차 산업혁명이 빨라진다

이번 코로나 사태로 기업들뿐만 아니라 학교들까지 재택근무와 온라인 교육으로 갑작스럽게 전환되었다. 온라인 비즈니스와 교육을 가능케 하는 원격 서비스 산업이 폭발적으로 늘어나고 있다. 아울러 빅 데이터와 인공지능(AI)은 감염자 경로 식별을 비롯해 코로나 백신과 치료제 개발에 활용되고 있다. 넷플릭스(Netflix)와 같은 온라인 영화 수요가 급증하고 원격 의료 서비스도 세계 여러 나라

---

7 2017년 6월 14일자.
8 팀 마샬 지음, 김미선 옮김(2016), 『지리의 힘』, 사이.

에서 규제의 틀을 벗고 활용되고 있다. 이와 함께 정보 트래픽은 폭증하고 있다.

중국은 코로나 사태를 매우 빠르게 진정시켰다는 평가를 받는다. 인공지능, 핸드폰과 CCTV, 안면 인식 기술로 개인 정보를 파악해서 바이러스 전파를 단기간에 막을 수 있었다. 스마트폰과 위챗(WeChat)을 사용하는 사람들의 동선을 실시간으로 추적할 수 있었다. 일반 국민들도 모바일 앱을 통해 실시간으로 자기 지역의 인구이동을 볼 수 있었다. 게다가 코로나 환자의 모든 동선을 추적할 수있는 정보를 통해 자신이 환자와 접촉했는지 확인할 수 있었다.

뿐만 아니라, 드론을 이용해 격리된 지역에 물자를 제공하고 외출자와 마스크 미착용자에 대한 경고 방송을 했다. 아파트, 마트, 공항 등에서는 로봇이 열적외선 온도 측정으로 발열자를 찾아냈다. 코로나 구호 기금 지급도 현금이나 상품권이 아니라 스마트폰의 알리페이나 위챗페이와 같은 모바일 결제 시스템에 입금시켰다. 지급속도만 빠른 것이 아니다. 지급된 구호금이 어떻게 사용되는지 지역별, 산업별, 시간별로 추적과 분석이 가능하다. 이를 통해 경기 부양 효과를 최대한 높일 수 있는 자금 지원 방식도 알아낼 수 있다. 이를 가능하게 한 것이 핀테크(FinTech)이다.

이번 코로나 사태로 기업들은 인공지능, 빅 데이터, 클라우딩, 디지털 플랫폼, E-비즈니스, 핀테크, 사물인터넷(IoT)에 이르는 디지털 기술과 로봇과 3D 프린팅 기술을 이용한 생산의 효율성을 깊이 인식하게 되었다. 이번 사태로 많은 한계 기업들이 파산하고 노동자들은 일자리를 잃고 있지만 4차 산업혁명의 속도가 더욱 빨라질 것임을 말해 준다. 이제 4차 산업혁명 시대에 살아남기 위한 국가들 간, 기업들 간의 경쟁이 치열하게 전개될 것이다.

4차 산업혁명은 앞 장에서 설명한 것처럼 코로나 사태 이전부터 진행되었다. 사진작가인 피터 멘젤(Peter Menzel)과 TV 뉴스 프로듀서인 페이스 달루이시오(Faith D'Aluisio)는 2000년에 『로보 사피엔스』라는 책에서 실제 생명체와 같은 스마트 기계인 지능 로봇(intelligent robot) 시대가 이미 시작되었음을 알리며 로봇과 인간이 하나의 생명체인 '로보 사피엔스'(Robo Sapiens)로 발전할 것인지 질문을 던지고 있다. 20년이 지난 2020년 지금 지능 로봇은 생산 현장뿐만 아니라 일상생활에도 일반화되고 있다.

이코노미스트지는 2015년 2월 스마트폰을 떼고는 살 수 없는 신인류에게 '포노 사피엔스'(Phono Sapiens)라는 새로운 이름을 붙였다. 스마트폰은 2020년 현재 전 세계 인구 78억 명의 40%에 가까운 30억 명 이상이 소유하고 있다. 소유만 하는 것이 아니라 스마트폰이 인간의 신체 일부가 되고 있다. 스마트폰으로 영화도 보고 쇼핑도 하고 뉴스도 보고 금융 거래도 하며 가상 현실에서 살기도 한다. 2007년 1월 스티브 잡스가 '아이폰'을 내놓으면서 한 말은 "이것이 모든 것을 바꿀 것이다"(This will change everything)였다. 아이폰이 세상에 나온 지 10년 만에 세상은 '모바일 혁명'의 한가운데로 들어섰다.

영국의 금융 전문가인 크리스 스키너(Chris Skinner)는 2018년 출판한 『디지털 휴먼』(Digital Human)이라는 책에서 오늘날의 인간은 4세대 인류라고 말한다. 첫 번째는 인간(human)이 되는 단계, 두 번째는 문명화(civilized)되는 단계, 세 번째는 상업화(commercial)되는 단계였다. 이제 4단계에 이르러 인간은 디지털 기술의 발전으로 디지털 휴먼이 되었다고 진단하고 있다. 가상의 디지털 인간과 현실의 호모 사피엔스가 만나 일상생활을 하는 공상 영화가 현실이 되고 있다. 인간이 '호모 디지털'(Homo Digital)이 되는 현실이다.

심지어 세계적인 역사학자인 이스라엘의 유발 하라리(Yuval Harari)는 7만 년의 역사를 거쳐 지구를 정복한 호모 사피엔스(Homo Sapien)가 이제는 과학혁명으로 알고리즘과 데이터가 중심이 되는 세상에서 신(Deus)의 영역이라 여겨지던 '불멸'의 경지에까지 이르는 '호모 데우스'(Homo Deus)도 될 수 있다고 예언하고 있다.

행동경제학자이자 노벨 경제학상 수상인 로버트 실러(Robert Shiller) 예일대 교수는 "코로나 사태 이후 노동시장과 기업의 사업 방식이 확 바뀔 것"이라고 예견했다. 코로나 사태로 인류는 갑자기 비자발적 재택근무에 들어가면서 재택근무가 충분히 효율적이라는 것을 알게 되었다. 그동안 4차 산업혁명을 아무리 말해도 듣지 않던 사람들이 드디어 비자발적 실험에 참가하면서 직접 확인했다. '백문(百聞)이 불여일견(不如一見)'이라는 말이 있지만 '백견(百見)이 불여일행(不如一行)'이다.

맥킨지 컨설팅은 2020년 4월『COVID-19 사태에서 세계의 소비자 행태는 어떻게 변하고 있나』라는 보고서에서 조사 대상 40개국 소비자들의 소비 총액은 감소했지만 디지털 채널을 이용한 상품과 서비스의 소비는 도리어 증가하고 있다고 분석하고 있다. 또『디지털이 주도하는 COVID-19로부터의 회복: CEO에게 주는 다섯 가지 질문』이라는 보고서에서는 디지털 시대가 눈앞에 있다며 CEO들은 빠르고 대담한 행동으로 디지털 시대를 가속화시킬 수 있고 현 상황을 회복시킬 수 있다고 권고하고 있다.

2016년 '알파고'(AlphaGo)라는 AI가 이세돌 9단을 간단히 제압했던 바둑 대국은 4차 산업혁명이 이미 시작되었음을 알리는 상징적인 사건이었다. 2020년 전 지구인의 삶의 방식을 송두리째 바꾸고 있는 'COVID-19'라는 코로나 팬데믹은 4차 산업혁명이 우리 삶에 깊숙이 들어올 수밖에 없음을 알리는 사건이다. 2020년 코로나 사태 이후 호모 사피엔스 인류는 로보 사피엔스, 포노 사피엔스, 호모 디지털, 호모 데우스로의 '진화'가 더욱 빨라질 것이다.

4차 세계화, 디지털 세계화로 재편된다

이번 코로나 사태로 본격화될 탈세계화는 전통적인 제조업 중심의 무역과 투자가 감소하고 제조업 중심의 글로벌 공급사슬이 붕괴되는 것을 의미한다.

1차 세계화는 1차 산업혁명과 함께, 2차 세계화는 2차 산업혁명과 함께, 그리고 3차 세계화는 3차 산업혁명과 함께 확산되었다. 이는 3차 세계화가 코로나 사태로 본격적으로 쇠퇴하고 새로운 형태의 세계화가 시작될 것임을 의미한다. 새로운 세계화, 즉 4차 세계화는 코로나 사태로 가속화될 4차 산업혁명과 함께 궤를 같이할 것이다.

사실 지난 10여 년 동안 3차 세계화가 정체해 온 반면 4차 세계화는 이미 시작되었다고 할 수도 있다. KOF 스위스경제연구소는 세계 전체와 각국의 총괄적인 '세계화 지수'(Globalisation index)를 1970년 이후부터 계산해 발표하고 있다. 아울러 KOF는 세계화의 정도를 경제, 사회, 정치 등 세 가지 측면에서도 계산해서 발표하고 있다.

이 자료를 보면 무역과 투자 부문의 세계화를 나타내는 '경제 세계화 지수'(Economic globalisation index)는 세계 전체로 볼 때 2008년 이후 정체되어 왔다. 반면에 '정보 세계화 지수'(Information globalisation index)는 2000년대 초에 '경제 세계화 지수'를 추월해 최근까지도 지

그림 3-1 세계의 '경제 세계화'와 '정보 세계화' 추이(1970~2017)

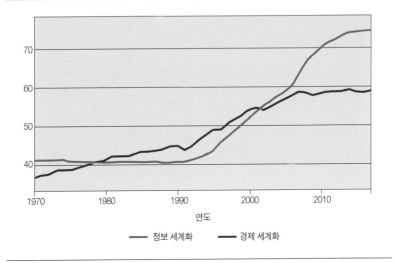

자료: 스위스경제연구소, KOF Globalisation Index.

속적으로 확산되어 왔다(〈그림 3-1〉).

맥킨지 보고서[9]에 의하면 지난 10여 년 동안 노동 비용이 주가 되는 글로벌 가치사슬은 축소되는 반면, 지식 집약적(knowledge-intensive)이고 고기술 노동(high-skilled labor)에 의존하는 글로벌 가치사슬은 증가해 왔다. 또한 이 기간에 글로벌 가치사슬은 디지털 플랫폼, 사물인터넷, 로봇, 인공지능 등에 의해 새로운 형태로 변화해 왔다.

---

9 McKinsey Global Institute(2019), *Globalization in Transition: The Future of Trade and Value Chains*, McKinsey & Company.

세계경제포럼(WEF)은 제2장에서 설명한 대로 4차 세계화가 2008년 이후부터 진행되어 왔다고 설명한다. WEF는 2019년 다보스 연례 회의에서 '4차 세계화'(Globalization 4.0)를 주제로 다루었다. 여기서 4차 세계화는 글로벌 공급망이 4차 산업혁명 기술과 연계되는 형태라고 설명한다.

이번 코로나 사태로 4차 세계화는 더욱 빠르게 진행될 것이다. 글로벌 기업들은 블록체인 기술을 이용해서 물리적인 만남이 없어도 보안 유출의 우려가 없는 계약을 체결할 수 있을 것이다. 바이러스 감염의 우려 없이 인공지능을 이용해서 의사결정을 하고, 로봇과 3D 프린팅을 이용한 생산 자동화도 확대할 것이다. 또한 산업용 사물인터넷을 클라우드 컴퓨팅과 연결해서 세계 각지에 있는 생산·유통 시설들을 컨트롤할 것이다.

그리고 이러한 새로운 형태의 가치사슬은 인터넷과 모바일 기술혁명으로 인해 전 세계의 지식이 동시에 참여하는 형태로 그 효율성을 극대화할 것이다. 예를 들어, 서울, 도쿄, 뭄바이, 런던, 발리에 살면서 미국 실리콘 밸리에 있는 페이스북 본사 직원으로 협업하는 방식이 활발해질 것이다.

그리고 이를 뒷받침하는 문화의 세계화와 지식의 세계화가 크게 활성화될 것이다. 3차 세계화에서는 미국의 문화와 언어(즉, 영어)로 단일화되는 경향이 있었다. 그래서 세계화는 미국화(Americani-

표 3-1 세계화의 단계별 특징

세계화 단계	1차 세계화	2차 세계화	3차 세계화	4차 세계화
시기	19세기 초~1914	1917~39	1945~2019	2020~
산업혁명 단계	1차 산업혁명	2차 산업혁명	3차 산업혁명	4차 산업혁명
주요 특징	증기기관, 방적기 등 기계혁명	대량 생산, 자동차, 전기	컨테이너, 정보통신(IT), 물리적 글로벌 공급망	인공지능, 빅 데이터, 디지털 글로벌 공급망
주도국	영국	미국	미국	미국, 중국(?)

자료: 저자 작성.

zation)라고 비판을 받았다. 그러나 4차 세계화에서는 다양한 국가의 문화와 언어가 인터넷을 매개로 전 세계에 전파될 것이다. 한국의 방탄소년단(BTS)이 한국어로 부른 노래로 전 세계의 최고 인기를 누리고 있는 것처럼 말이다.[10]

---

10 Peter Vanham(2018), "Here's what a Korean boy band can teach us about globalization 4.0," World Economic Forum.

제**2**부

대한민국의 위대한 선택

외우내환(外憂內患)의 한국 경제

탈세계화의 벼랑 끝에 선 한국

지난 50여년간 대한민국은 반만년 역사상 가장 경이적이고 세계에서도 유례를 찾기 힘든 빠른 경제성장을 통해 선진국 반열에 섰다. 이러한 경제 기적은 무엇보다 적극적인 대외 지향적 정책 때문에 가능했다. 그리고 이러한 대외 지향적 정책은 제2차 세계대전 후 미국 주도의 세계적인 자유 무역 환경에 가장 잘 맞는 정책이었다.

그러나 지난 몇 년간 퇴조 기미를 보이던 세계화가 코로나 사태를 계기로 본격적으로 퇴조할 것이다. 이 때문에 코로나 사태의 조기 종식도 어려울 뿐만 아니라 세계 경제가 제2의 대공황을 맞을 수 있다. 그야말로 무역과 투자로 먹고사는 대한민국에게는 엄청난 위기이다.

앞에서 설명한 것처럼 세계 무역과 투자는 이미 수년 전부터 축소되는 경향이 나타나고 있었다. 2008년 금융위기 직후 급락했던 세계 무역은 위기 이전의 수준을 회복하지 못하고 있었고, 국가 간 자본 이동도 위기 이전의 절반에도 미치지 못하는 수준이었다. 외국인 노동자 이동 규모도 2011년 이후 계속해서 감소하는 추세였다.

한국의 수출도 지속적으로 축소되고 있었다. 2008년 GDP 대비 47.6%였던 상품 및 서비스 수출은 글로벌 금융위기의 와중인 2009

년에도 49.2%로 별로 하락하지 않았다. 이후 한국의 GDP 대비 수출은 2012년 54.1%까지 상승했으나 다음 해부터 계속 하락해서 2019년에는 39.8%에 머물렀다. 이는 2012년 최고치인 54.1%에 비해 14.3% 포인트나 작은 규모이다. 국제 무역을 경제성장의 원동력으로 삼아온 한국에게 이미 빨간불이 들어와 있던 상태였던 것이다.

외국인직접투자(FDI)는 글로벌 금융위기 훨씬 이전부터 지속적으로 감소해 왔다. 1997년 외환위기 이후 잠깐 동안 적극적인 외국인 투자 유치 정책으로 1999년 GDP 대비 2.2%까지 상승했던 FDI는 이후 계속 감소해서 2015년에는 GDP 대비 0.3%까지 감소했고 2019년에도 0.6% 수준에 머물렀다. 반면에 한국 기업들의 해외직접투자

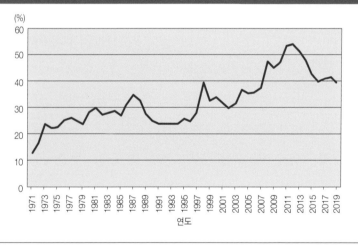

그림 4-1 한국의 상품 및 서비스 수출 추이(GDP 대비, 1971~2019)

연도

자료: 세계은행, World Development Indicators를 이용 저자 작성.

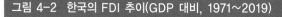

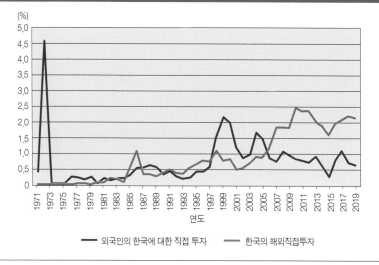

그림 4-2 한국의 FDI 추이(GDP 대비, 1971~2019)

━━ 외국인의 한국에 대한 직접 투자   ━━ 한국의 해외직접투자

자료: 세계은행, World Development Indicators를 이용 저자 작성.

는 꾸준히 증가해서 2006년에 외국인의 한국에 대한 직접 투자 규모를 추월했다. 2010년에는 GDP 대비 2.5%로 같은 해 외국인의 한국 직접 투자의 3배 가까운 규모를 기록했다. 2019년에도 한국 기업들의 해외직접투자는 GDP 대비 2.2%를 기록하였는데, 외국인의 국내 직접 투자와 비교하면 유입의 3배를 훨씬 상회하였다. 이는 국내의 투자 여건이 계속해서 악화되어 왔다는 것을 방증하는 것이다.

지난 몇 년 동안 계속해서 낮아지고 있는 경제성장률은 이처럼 수출이 감소하고 외국인의 대(對)한국 투자가 감소하는 반면, 한국 기업들의 해외 투자는 증가하는 데에 기인한 바가 크다.

제4장 어아내환(外憂內患)의 한국 경제

더욱이 이번 코로나 사태는 중국에서 시작되어 전 세계 선진국들의 경제를 정지시키는 상황으로 확산되면서 우리나라의 성장 동력인 수출이 크게 감소하고 있다. 산업통상자원부 발표에 따르면 2020년 4월 수출은 지난해에 비해 25.5% 감소한 데 이어, 5월 23.7%, 6월 10.9%, 7월 7.0% 감소해 5개월 연속 하락세를 보였다.

1997~98년의 외환위기는 한국을 비롯한 동아시아의 몇 개 나라만의 위기여서 원화 가치가 하락하면서 한국의 수출이 크게 증가할 수 있었다. 이런 이유 때문에 한국은 1998년의 마이너스 성장 후 1999년에 무려 10.3%의 플러스 성장을 하며 V자형 회복을 할 수 있었다.

2008년 세계 경제위기는 미국의 금융 부문에서 시작되었고 주로 금융시장이 개방되었던 선진국들의 위기였다. 반면에 금융시장이 덜 개방되었던 중국은 그 영향권에서 벗어나 있었다. 중국은 막대한 재정 지출과 통화 확대를 통해 중국뿐만 아니라 세계 경제의 실물 부문이 심각한 나락으로 떨어지는 것을 막는 역할을 했다. 우리나라의 입장에서 보면 선진국 시장에서 위축된 우리의 수출을 중국이 대신 받아 주었다.

아직까지는 실물 부문의 위기이지만 코로나 사태가 길어지면 기업과 가계의 부도가 확대되면서 본격적인 금융위기로 이어질 가능성이 크다. 이렇게 되면 전 세계 모든 나라의 실물과 금융 부문이

총체적으로 마비되고 세계적인 경제 대공황이 올 수 있다. 게다가 한국의 1위와 2위 수출국인 중국과 미국이 벌이고 있는 무역 전쟁이 전방위 대결로 확산될 공산이다. 수출로 먹고사는 소규모 개방 경제인 대한민국은 그야말로 벼랑 끝에 서 있는 상황이다.

저출산·고령화의 만성 당뇨병에 걸린 한국

제2차 세계대전 이후 확산되어 오던 3차 세계화가 2020년의 코로나 사태로 본격적인 쇠퇴의 길로 접어들고 있다. 한민족이 반만년 역사상 최고의 부를 일구는 데 큰 기여를 한 세계화가 저물고 있는 것이다.

더욱 큰 문제는 한국 경제가 이미 저출산·고령화로 성장 잠재력이 매우 낮아진 상태라는 점이다. 한국의 합계출산율은 2019년 0.92명으로 OECD 국가 중 가장 낮은 수준이다. 아마도 반만년 역사상 처음일 것이다. 라가르드(Christine Lagarde) IMF 전총재는 이러한 상황을 두고 '한국은 집단적 자살 사회'라고 했다는데 자극적이기는 해도 적절한 지적이라 동의하지 않을 수 없다.

연간 출생아 수의 추이를 보면 우리나라가 집단적 자살 사회라는 말이 더욱 실감난다. 1970년 만해도 한해 백만 명이 넘는 아이가

그림 4-3 한국의 합계출산율과 출생아 수 추이(1970~2019)

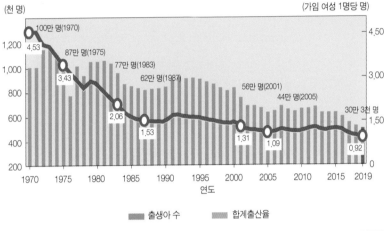

자료: 통계청, "2019년 출생·사망통계 잠정 결과", 2020. 2. 29.

태어나던 것이 1980년 86만 명, 1990년 65만 명으로 추락하더니 2002
년에는 마침내 1970년의 절반도 안 되는 49만여 명의 아이가 태어났
고, 2019년에는 30만 3천 명까지 떨어졌다. 그야말로 인구 절벽에 서
있는 상태다.

이에 반해, 고령 인구(65세 이상)는 2014년 전체 인구의 12%가 넘
더니 2018년 드디어 전체 인구의 14%를 넘어 고령 사회에 진입했다.
반면에 이들을 부양해야 할 생산가능인구(15세 이상 65세 미만) 비중
은 2015년까지 계속 증가하다가 2016년부터 감소하기 시작했다. 이
에 따라 노인 부양 비율(생산가능 인구 1백 명당 고령 인구)은 2000년 처

그림 4-4 한국의 인구 구성 추이(1975~2030)

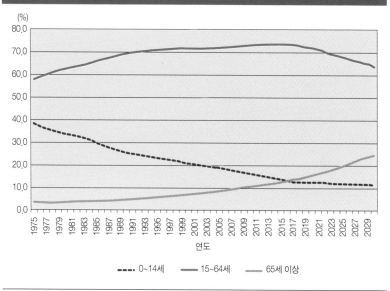

자료: World Bank, "World Development Indicators" 자료를 이용하여 저자 작성.

음으로 10명을 넘더니 매년 0.5명씩 증가해서 2018년 20명에 이르게 되었다. 다시 말하면 2000년에는 10명의 젊은이가 1명의 노인을 부양했는데 2018년에는 5명의 젊은이가 1명의 노인을 부양하는 상황이 된 것이다.

이러한 상황은 장기 불황이 시작되던 1990년대 초의 일본과 매우 비슷하다. 1991년 일본의 고령 인구가 전체 인구의 12%를 넘어섰고, 1995년에는 14%를 넘어 고령 사회로 진입했다. 반면 생산가능인구의 비중은 1993년부터 감소하기 시작했다. 잘 알려진 것처럼 일본

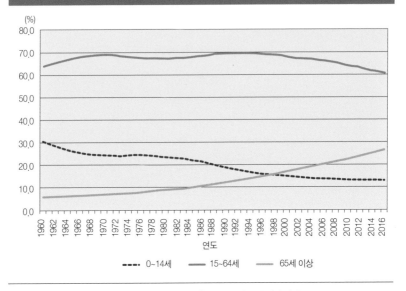

그림 4-5 일본의 인구 구성 추이(1960~2016)

자료: World Bank, "World Development Indicators" 자료를 이용하여 저자 작성.

경제는 1991년 소위 부동산 버블이 꺼지면서 성장률 0%대의 장기 침체를 10년에 이어 20년 넘게 겪었다. 아베노믹스로 인해 약간 되살아나는 것 같지만 인구 고령화로 인해 예전의 활력을 찾기는 어려운 상황이다. 한국은 인구 구조상 일본을 약 20~25년 정도 간격을 두고 뒤따르고 있는 형국이다. 일본은 1991년 부동산 버블이 꺼지면서 장기 침체가 시작된 반면, 한국은 아직 부동산 버블이 꺼지지는 않았지만, 일본의 경험에 비추어 가능성이 커지고 있다.

더욱 걱정인 것은 고령화 속도가 더욱 빨라질 것이라는 점이다.

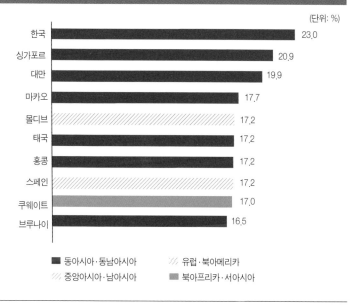

그림 4-6 고령 인구(65세 이상) 비중이 가장 빠르게 증가할 것으로 예상되는 국가 순위(2019~50)

(단위: %)

한국	23.0
싱가포르	20.9
대만	19.9
마카오	17.7
몰디브	17.2
태국	17.2
홍콩	17.2
스페인	17.2
쿠웨이트	17.0
브루나이	16.5

■ 동아시아·동남아시아   ⫽ 유럽·북아메리카
⫽ 중앙아시아·남아시아   ■ 북아프리카·서아시아

자료: United Nations(2019), *World Population Ageing 2019*.

UN의 세계 인구 전망에 의하면, 한국이 세계에서 고령 인구가 가장 빠르게 증가할 것으로 예상되는 국가이다.

한편, 경제성장률은 계속해서 감소해 왔다. 1960년대부터 1980년대까지 한국 경제는 연간 두 자릿수의 성장이 일반적이었다. 그러다가 1997년 외환위기를 겪고 1998년 −5.1% 성장률을 기록했다가 1999년 11.5%의 높은 성장률을 기록했다. 그러나 그 이후로 성장률은 지속적으로 낮아지더니 글로벌 금융위기 중인 2009년 0.8%를 기

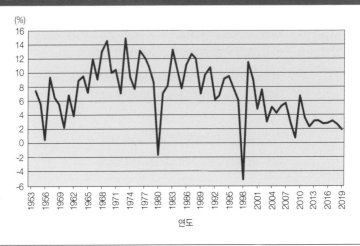

그림 4-7 한국의 경제성장률 추이(1953~2019)

자료: 한국은행 경제통계 시스템을 이용 저자 작성.

록했다. 2010년에는 6.8%의 성장률을 기록하면서 V자형 회복을 하였으나 이후 성장률은 지속적으로 낮아져 2019년에는 2.0%에 턱걸이했다.

한국의 경제성장률이 계속해서 하락하는 데는 여러 가지 요인이 있다. 무엇보다 경제 수준이 높아질수록 성장률은 낮아지는 것은 선진국 사례에서 보는 것처럼 일반적이다. 그러나 최근의 하락 속도가 너무 빠르다. 무엇보다 빠르게 진행되고 있는 인구 고령화가 성장 잠재력을 떨어뜨리고 있기 때문이다.

경제는 인체와 비슷한 점이 많다. 그중 하나가 경제와 인체가 수많은 세포로 구성되어 있다는 점이다. 사람이 늙는다는 것은 늙은 세포가 젊은 세포보다 많아진다는 것이다. 늙은 세포가 많아지면 인체는 원활한 산소와 영양분의 공급이 이루어지지 못해 활력을 잃게 된다. 경제에서 세포는 생산의 일원이기도 하고 소비의 주체이기도 한 '인간'이다. 인간은 젊은 시절에 생산과 소비 활동을 활발하게 하다가 나이가 들면 활동을 줄이게 된다. 그래서 경제도 젊은 인구보다 노인 인구가 많으면 활력을 잃게 된다.

실제로 앞에서도 언급한 저자의 최근 연구는 고령 인구 비중이 10% 포인트 증가하면 연간 경제성장률이 3.5% 포인트 감소한다는 것을 밝혔다. 매년 약 1% 포인트씩 고령 인구 비중이 증가하면(한편으로 생산가능인구 비중은 매년 감소), 성장 잠재력이 매년 약 0.3% 포인트 이상 감소한다는 것이다. 이로써 한국의 고령 인구 비중이 2017년 14%에서 2029년 24%(일본의 2012년 수준)로 증가하는 시점에 이르면, 다른 조건이 변화가 없는 경우(즉, 구조 개혁 등의 조치가 없는 경우) 한국의 경제성장률은 0% 미만, 즉 마이너스 성장을 할 것으로 예상된다.

결국 일본의 '잃어버린 20년' 상황이 눈앞에 펼쳐지고 있는 것이다. 더욱 우려되는 것은 일본이 갔던 길을 가는 것이 아니라 더욱 험한 길을 갈 가능성이 높다는 점이다. 이 같은 이유는 무엇보다 일본은 고령 사회에 진입한 시점인 1990년대 초에 이미 선진국에 확실히 진입한 상태였지만, 한국은 고령 사회에 진입하는 시점이 중진국을 벗어나 겨우 선진국에 진입한 상태이기 때문이다. 1990년대 초 일본의 산업 경쟁력은 세계 최고 수준이었고 금융 자본도 매우 풍부한 상태였다. 그러나 현재 시점의 한국은 그나마 가지고 있었던 국제 경쟁력을 잃어버리고 있는 상태이다. 조선, 철강, 화학 등 중화학 공업이 그렇고 자동차와 반도체 산업마저 중국에 쫓기고 있다. 그런데 각종 규제에 막혀 새로운 먹거리 산업은 찾아보기 어렵다. 게다가 GDP의 84%에 달하는 1,600조의 막대한 가계 부채를 안고 있는 상태이다.

저자는 1997년 외환위기 직후에 출판한『한국 경제: 과거, 현재, 그리고 21세기 비전』이라는 제목의 책에서 1997년 외환위기는 사람으로 말하면 '뇌졸중'(중풍)에 걸린 것과 마찬가지라고 설명했다. 즉, 직접적인 원인은 태국에서부터 시작한 동아시아 외환위기로 인해 한국에 투자한 외국 자본들이 급속히 빠져나가면서 외환 부족 사태가 발생했기 때문이다. 마치 겨울철에 찬바람이 불면서 멀쩡하게 보이던 사람이 뇌졸중으로 쓰러지는 것처럼 말이다. 그러나 뇌졸중으로 쓰러지는 사람들은 평소에 술과 담배를 많이 하고, 고기를 즐겨 먹고 운동을 하지 않아서 고혈압과 콜레스테롤 수치가 높은 경우가 대부분이다.

한국 경제도 1997년 외환위기가 발생할 때까지 이미 대기업들의 과잉 투자, 종합금융사들의 과도한 외국 단기 부채 도입, 정부 주도 산업화 과정에서 누적된 정경유착과 비효율성 등으로 경제 체질이 나빠진 상태였다. 그럼에도 불구하고 빠른 회복을 할 수 있었던 것은 당시 세계 경제가 튼튼해서 외환위기 이후 환율 상승에 따라 값이 싸진 한국 상품을 충분히 받아 줄 수 있었다. 게다가 당시 한국은 65세 이상 인구가 6.4%밖에 안 되는 젊은 경제였기 때문에 빠른 회복이 가능했다.

그런데 코로나 팬데믹을 맞고 있는 2020년의 한국 경제는 이미 인구 고령화로 인해 장기적이고 구조적인 침체로 빠져들고 있던 상태이다. 한국 경제는 사람으로 말하면 이미 만성 당뇨병이라는 기저질환을 갖고 있는 상태인 것이다. 코로나 바이러스는 감염이 되더라도 젊고 건강한 사람의 사망률은 높지 않다. 반대로 나이 많고 기저질환이 있는 사람은 사망률이 높다. 경제도 마찬가지이다. 젊고 건강한 경제는 외부적 충격이 오더라도 충분히 극복할 수 있다. 늙고 만성 당뇨병이라는 기저질환을 갖고 있는 상태에서 맞이한 세계적인 경제위기와 본격적인 탈세계화는 한국 경제를 절체절명의 위기 상황에 빠뜨리고 있는 것이다.

'헬조선'이라 불리는 한국

정통 경제학은 사람의 행복을 '효용'(utility)으로 측정한다. 그리고 효용은 소비하는 물질과 서비스의 양에 의해 결정된다. 이러한 가정에 따라 정통 경제학자들은 한 나라가 생산해 내는 물질과 서비스의 양을 늘리는 방법, 즉 경제성장률을 높이는 방법에만 초점을 맞추어 왔다.

그러나 사람의 행복은 내가 먹는 '밥'만으로 결정되지 않는다. 가령 내가 매끼 '밥'은 굶지 않더라도 내 이웃이 근사한 레스토랑에서 스테이크를 먹고 해외여행을 하는데 나는 그렇지 못하다면 먹은 밥이 소화가 안 되는 것이 인지상정이다. 그리고 사람은 밥으로만 살지 않고, 푸른 하늘을 보며 깨끗하고 맑은 공기와 물을 마시며 매일매일 감동과 감사하는 마음으로 살아야 행복하다.

한국 경제는 1960년대 이후 급속한 성장을 이룩했다. 덕분에 일인당 국민소득 3만 달러가 넘는 선진국이 되었다. 그런데 최근 들어 사회 양극화는 이미 심각한 수준을 넘어 곳곳에서 사회적 갈등을 일으키고 있다. 한국은 1990년 30% 정도였던 소득 상위 10%가 전체 소득에서 차지하는 비중이 지속적으로 상승해서 2016년에는 43%에 달하고 있다. 이는 아시아 국가 중 제일 높은 수준이다.

지니 계수(Gini coefficient)[1]를 이용해서 OECD 국가들과 비교하더

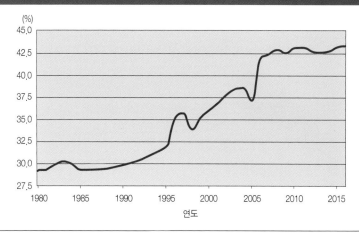

그림 4-8 한국의 상위 10% 소득 비중 추이(1980~2016)

자료: World Inequality Database.

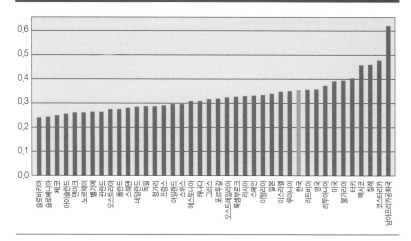

그림 4-9 OECD 회원국의 지니 계수 비교(2019)

자료: OECD Database.

라도 한국은 29개 회원국 중 11번째로 소득 분배의 불평등도가 높은 나라이다.

더욱 문제는 패자와 약자가 부활할 수 있는 기회가 박탈되어 양극화가 고착되고 있다는 것이다. 열심히 공부하고 일하고 저축하면 흙수저를 금수저로 바꿀 수 있다는 희망도 보이지 않는다. 개천에서 태어났다는 이유만으로 붕어나 가재로만 살라면 행복할 수 없다. 언론 보도를 통해서 국민은 좌우를 막론하고 이미 용이 된 기득권층들이 편법과 특혜와 반칙을 저지르는 것을 보며 분노한다. 더욱이 대를 이어 가며 더욱더 많은 돈과 명예와 권력을 얻는 모습에 국민은 절망하지 않을 수 없다.

이미 위로 올라갈 수 있는 성장 사다리가 끊어져 버린 상태이다. 특히 젊은이들은 일자리를 구하기가 하늘에 별 따기처럼 어려운 상황이다. 게다가 집값은 천정부지로 올라버려 부모 집을 떠나 독립할 엄두를 못 낸다. 그야말로 결혼도 포기하고, 집 장만도 포기하고, 자녀도 포기하는 '3포 세대'가 이 시대 청년들이다. 아니 모든 것을 포기해야 하는 엔(N)포 세대이다. 급속한 출산율의 하락도 따지고 보면 고착화된 사회적 양극화 때문이다. 그래서 이들에게 한국은 '헬(hell)조선'이 되고 말았다. OECD뿐만 아니라 세계에서 가장 높은

---

1 지니 계수는 클수록 소득 분배의 불평등도가 높다.

제2부 대한민국의 위대한 선택

제2부 대한민국의 위대한 선택

제2부 대한민국의 위대한 선택

수준의 자살률이 이를 증명하고 있다.

이번 코로나 사태로 '있는 사람'보다는 '없는 사람'들이 더 큰 피해를 보고 있다. '없는 사람'들이 일자리를 잃어버리고, 소득이 감소하는 현실이다. 그리고 청년들은 일자리를 찾아볼 기회조차 없어졌다.

한편, 코로나 사태로 잠시 공기가 맑아졌지만, 평소에는 황사 바람과 미세 먼지 때문에 마스크 없이는 숨쉬기조차 힘들다. 강물은 녹조다 뭐다 해서 물고기조차 살기 힘든 물이 되어 버렸다. 한국은 그동안의 화석 에너지 집약적 성장으로 2018년 현재 세계에서 에너지를 일곱 번째로 많이 소비하는 나라이다.[2] 한국보다 에너지를 많이 소비하는 나라는 중국, 미국, 인도, 러시아, 일본밖에 없다. 2020년 초 발표된 세계 기후 변화 성과 지표(Climate Change Performance; CCPI)에서 한국은 61개국 가운데 58위를 차지했다.[3] 한국보다 순위가 낮은 국가는 대만, 사우디아라비아, 미국밖에 없다.

〈그림 4-10〉에서 보는 것처럼 한국의 '일인당 생태 발자국'(ecological footprint)은 산업화가 시작되던 1960년대 후반 이후부터 급속히 증가해서 2016년 현재 생태 용량(biocapacity)의 여섯 배를 넘고

---

2 Enerdata, *Global Energy Statistical Yearbook 2019*.
3 CCPI는 58개국의 온실가스 총배출량, 재생 에너지 비중, 에너지 총사용량, 기후 정책 등 4개 분야 14개의 지표를 평가해서 국가 순위를 발표하고 있다.

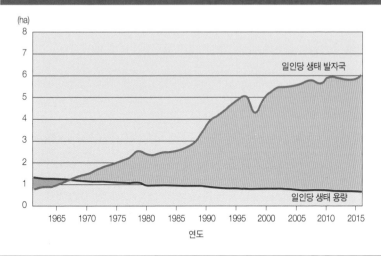

그림 4-10   한국의 생태 발자국과 생태 용량 추이(1975~2016)

자료: Footprint Network Database.

있다.[4] 쉽게 풀어 이야기하면 현재 한국인들이 사용하는 에너지와 배출하는 오염물질의 총량은 한국 영토가 감당할 수 있는 수준의 6배를 넘고 있다는 거다.

삶의 질은 일인당 '평균' 소득이 높아지는 것뿐만 아니라 다른 사람들과 더불어 깨끗한 자연 환경에서 잘 살 수 있을 때 높아진다. 유엔 지속가능개발연대(SDSN)의 2020년도 『세계행복보고서』(World

---

4 Global Footprint Network가 발표하고 있는 생태 발자국은 한 나라가 사용하는 모든 에너지와 배출하는 오염물질의 크기, 즉 인간이 환경에 미치는 영향의 크기이다. 생태 용량은 한 나라의 영토 중 실제 생산과 소비 활동에 사용될 수 있는 면적의 크기이다.

Happiness Report)에서 10위권에 있는 핀란드, 덴마크, 스위스, 아이슬란드, 노르웨이, 네덜란드, 스웨덴, 뉴질랜드, 오스트리아 같은 나라들이 이를 증명해 준다. 한국은 61위를 기록했다. 이는 일인당 국민소득 세계 27위에 비해 훨씬 떨어지는 순위이다.

코로나 사태로 경제가 마비되고 있는 판국에 한가한 소리 같지만 경제를 살려야 할 뿐만 아니라 사회 양극화 문제를 해결해야 하고 환경의 지속 가능성을 높이지 않으면 한국은 '헬조선'에서 벗어나지 못할 것이다.

제 **5** 장

대한민국의 위대한 선택

선택 1: 대외 지향적 성장은 선택이 아닌 필수

돌이켜 보면 한민족은 반만년 역사의 상당 기간 동안 외세의 침략을 받으며 곤궁한 삶을 이어 왔다. 가장 최근의 왕조인 조선 시대에는 중국의 반(半)속국으로 살면서 몽골과 일본 등 주변국으로부터의 외세 침략을 수시로 받았다. 그러다가 19세기 말 조선은 당파 싸움에 빠져 근·현대 들어 첫 번째로 불어닥친 세계화의 도도한 흐름을 거부하고 쇄국 정책을 쓰는 역사적 오류를 범하고 말았다. 반면에 일본은 1854년 미·일 화친 조약에 이어 1858년에는 미국을 비롯하여 영국·러시아·네덜란드·프랑스와 통상 조약을 체결하는 대외 개방 정책을 실시했다. 이어 메이지 정부는 구미 근대 국가들을 모델로 일련의 개혁 정책을 추진하면서 단기간에 아시아의 선진 국가로 부상했다. 결국 1910년 조선은 왜국이라고 우습게 보았던 일본의 식민지가 되었고 한민족은 35년간 치욕과 절망의 세월을 보내야 했던 것이다.

1945년 일제 치하로부터 해방된 한민족은 남북으로 분단된 상태가 되었고 6.25 전쟁을 치르면서 남·북한 모두 폐허밖에 남지 않은 상태가 되었다. 그야말로 남·북한 모두 세계에서 가장 가난한 나라들이었다. 그러나 대한민국은 1960년대 박정희 정권이 수출 주도형 산업화 정책을 추진하면서 세계에서도 거의 유례를 찾기 힘들 정도의 빠른 속도로 성장했다. 1961년 94달러였던 일인당 국민소득 (일인당 GDP)은 1977년 1천 달러를 돌파하였고 1989년에는 5천 달러, 1994년에는 1만 달러, 2006년에는 2만 달러를 돌파하였다. 마침내 2018년에는 3만 1,363달러를 기록하면서 선진국의 일원이 되었다. 대한민국은 일인당 국민소득을 기준으로 보면 전 세계 200여 나라 중 28번째로 잘 사는 나라, GDP를 기준으로 하면 전 세계 12번째로 큰 나라가 되었다.

삼성, LG, 현대와 같은 기업들은 전 세계 어디를 가더라도 세계 최고 기업으로 인정받고 있다. 최근에는 드라마, 영화, 음악, 온라인 게임 등 예능 면에서도 한류 바람이 거세다. CNN 트래블(Travel)에서 발표하고 있는 헨리 지수(Henry Passport Index)에 따르면 2019년 세계 에서 가장 파워풀한 여권으로 대한민국이 핀란드, 독일과 함께 세 계 2위를 기록했다(1위는 일본, 싱가포르). 한민족의 반만년 역사상 과 연 이런 때가 있었나 싶다.

이런 자랑스러운 대한민국이 될 수 있었던 데에는 무엇보다 1960년대와 1970년대의 산업화를 이끈 '위대한 세대'(great generations) 가 있었기 때문이다. 이 위대한 세대는 열악한 삶과 노동 환경 속에 서도 정부의 수출 주도형 산업화 정책의 선봉에 섰다. 광산에서, 건 설 현장에서, 그리고 가발과 같은 경공업부터 시작해서 철강, 조선, 화학과 같은 중화학 공업에 이르기까지 이들은 온갖 희생을 견뎌

낸 산업 역군이었다. 이들은 또 밥은 굶더라도 자식 교육만은 '최고'로 시키겠다는 희생정신으로 자식 세대의 노동력을 세계 최고 수준으로 키워 냈다.

수출 주도형 산업화 정책은 기본적으로 외국으로부터 받은 원조와 외채로 공장 설비와 원료를 사들여와 제품을 생산·수출하여 산업화를 추구하는 정책이다. 수출로 벌어들인 달러로 더 많은 공장을 짓고 더 많은 원료를 사들여 더 많은 제품의 생산과 수출을 하는 선순환이 이루어졌다. 지금 생각해 보면 수출 주도형 산업화 정책은 당연한 듯싶다. 그러나 당시만 하더라도 종속 이론이 후진국들을 지배하고 있었다. 종속 이론을 신봉하는 대부분의 중남미 국가들은 소위 수입 대체형 산업화 정책을 추진했고, 부정부패와 연이은 외채 위기로 빈곤의 나락에 빠져버렸다. 이에 반해 빈털터리 대한민국이 대외 개방을 전제로 하는 수출 주도형 산업화 정책을 선택한 것은 그야말로 천운이 아닐 수 없다.

이러한 수출 주도형 산업화 정책이 성공할 수 있었던 이유는 근·현대 역사상 세 번째의 세계화 흐름에 편승할 수 있었기 때문이다. 그런데 코로나 사태로 지난 몇 년 전부터 주춤하던 세계화가 본격적으로 종말의 길을 갈 것이다.

미국과 같이 내수 비중이 크고 자원이 풍부한 나라는 세계화가 종말을 고하더라도 코로나 사태가 종식되면 경제가 회복될 수 있다. 그러나 별다른 자연 자원이 없는 대한민국에게는 크나큰 위기이다. 해외 시장에서 돈을 벌어 오지 않으면 필요한 자원을 사올 수 없다.

따라서 코로나 사태로 인해 탈세계화가 본격화하여 각국이 국수주의로 회귀하고, 미국과 중국 간의 냉전 시대가 전개되는 새로운 세계가 오더라도 한국의 선택은 '대외 지향적인 성장'일 수밖에 없다. 다른 선택이 없다. '대외 지향적인 성장'은 한국에게 필수이다.

이제 2020년대를 사는 우리가 대외 지향적인 자세로 새롭게 전개되는 4차 세계화와 4차 산업혁명을 주도해야 한다. 1960년대와 1970년대의 위대한 세대에 이어 2020년대에 또 다른 위대한 세대가 있었다고 우리의 미래 세대가 자랑스러워할 수 있게 해야 한다.

선택 2: 새로운 세계화의 '아젠다 세터'

2008년 세계 금융위기 이후 최근 몇 년 동안 주춤하던 3차 세계화는 코로나 사태를 계기로 본격적으로 퇴조하는 형국이다. 좁은 영토에 많은 인구가 모여 살고 있는 우리나라에서 탈세계화는 최대 위기이다.

그러나 코로나 이후의 재편되는 세계는 우리나라에게 큰 위기이면서 동시에 기회가 될 수 있다. 세계 경제가 4차 산업혁명과 함께 디지털 경제로 전환되면서 디지털 중심의 4차 세계화가 시작될 것이기 때문이다. 3차 세계화 때 한국은 올라타기만 하면 되었다. 이제 새롭게 전개되는 4차 세계화는 한국이 판을 짜야 한다.

3차 세계화는 제조업 중심이었으며 사람과 사람이 직접 접촉하는 글로벌 가치사슬로 엮어졌다. 이른바 대면의 물리적인(physical) 공급망이었다. 이제는 4차 산업혁명 시대와 함께 4차 세계화가 시작되었다. 온라인상으로 접촉하는 '버추얼'(virtual) 글로벌 가치사슬의 비중이 커질 것이다. 이를 가능케 하는 것은 A부터 F에 이르는 4차 산업혁명의 신기술, 즉 인공지능(AI), 빅 데이터(Big data), 클라우딩(Clouding), 디지털 플랫폼(Digital platform), E-비즈니스, 핀테크(FinTech) 등의 신기술이다. 사물인터넷(IoT)으로 빅 데이터를 얻고, 그것을 클라우드에 저장해 인공지능으로 분석하고, 로봇과 3D 프린터로 생산한 후, 디지털 플랫폼을 이용한 E-비즈니스로 판매하고 핀테크로 결재하는 스마트한 공급망이다.

4차 세계화에서는 아이디어와 정보가 자산이 되고 이들의 국경을 초월한 이동이 이익을 창출하는 형태가 활발해질 것이다. 예를 들어, 프로그래머들은 전 세계 각지에서 거주하면서 온라인상으로 협업을 하게 될 것이다.

그동안 서구의 대학들은 중국을 비롯한 많은 외국 학생들을 받아들였고 이들의 등록금과 생활비로 지출한 돈이 대학들과 지역 경제에 도움이 되었다. 이제는 온라인 교육이 활발해지면서 외국인 학생들의 '직접 유학' 대신 '온라인 유학'이 늘어날 것이다. 아울러 온라인 원격 의료 서비스와 같이 그동안 불가능했던 다양한 종류의 온라인 서비스가 전 세계로 연결될 것이다.

이번 코로나 사태를 계기로 글로벌 기업들은 글로벌 공급망에 대한 '위험성'을 자각하게 되었다. 이제 글로벌 기업들은 위험성이 높은 기존의 글로벌 가치사슬을 리모델링할 것이다. 상당 부문을 본국으로 회귀하는 '리쇼어링'(reshoring)을 추진할 것이다. 동시에 미국은 멕시코, 유럽은 동유럽이나 터키로 생산 기지를 옮겨 글로벌 공급망의 거리를 축소하는 니어쇼어링(nearshoring; near+shoring)을 추진할 것이다. 한편으로는 지나치게 중국에 의존되었던 글로벌 공급망을 아시아의 다른 나라로 옮기는 다변화를 시도할 것이다. 즉, 글로벌 기업들은 리쇼어링, 니어쇼어링과 함께 제3의 국가로 옮겨 가는 '디쇼어링'(deshoring; deplace+shoring)을 할 것이다.

그럼 어디로 갈 것인가? 미국 기업들의 경우 우선 멕시코가 유력한 후보가 될 수 있다. 미국 시장에 붙어 있고 저렴한 노동력에 중남미 다른 국가로의 교량 역할도 할 수 있다. 그러나 부패한 정부와 마약 문제가 심각한 멕시코로의 니어쇼어링은 많지 않을 것이다.

그 다음 인도를 고려할 수 있다. 중국과 비슷한 규모의 인구를 갖고 있는 무궁한 잠재 시장, 그리고 영어가 가능한 우수한 IT 관련 인재가 많다. 그러나 극심한 빈부 격차와 사회적 양극화로 인해 사회적 불안이 크다.

따라서 아세안 국가들이 유력한 디쇼어링 대상이 될 수 있다. 그러나 이번 코로나 사태를 겪자 베트남이 외국인 입국을 통제하면서 글로벌 기업들은 베트남에 투자한 공장들을 운영하지 못하는 상황에 빠졌다. 다른 아세안 국가들도 코로나 바이러스와 같은 자연재해에 취약하기는 마찬가지이다. 그리고 이들 국가는 아직 4차 산업혁명 기술을 실용화할 준비가 미흡하다.

따라서 한국이 중국으로부터 탈출하는 미국과 유럽 기업들의 디쇼어링 대상이 될 수 있다. 무엇보다 한국은 대내외 공히 IT 강국이고 우수한 인적 자원을 갖고 있다. 중국과 아세안 같은 큰 시장도 옆에 두고 있다. 게다가 이번 코로나 사태를 겪으면서 한국은 세계에 투명하고 효율적인 방역 체계를 보여 줌으로써 글로벌 공급망의 안전지대임을 증명해 보였다.

그러나 이것만으로는 충분하지 않다. 시대에 뒤떨어진 규제를 합리적으로 개혁하고 제2의 노·사·정 대타협을 통해 기업과 노동 간의 대결이 아닌 상생의 분위기를 만들어야 한다. 그리고 동북아시아 역내 협력과 아세안 국가들과의 협력을 강화해야 한다. 더 나아가 동아시아 전체를 망라하는 포괄적경제동반자협정(Regional Comprehensive Economic Partnership; RCEP)에서의 역내 자유무역과 투자 분위기를 조성해야 하며, 환태평양경제동반자협정(Comprehensive and Progressive Agreement on Transific Partnership; CPTPP)에도 가입 신청을 해야 한다. 아울러 미국이 제안하고 있는 경제 번영 네트워크(Economic Prosperity Network; EPN)의 참여도 적극 고려해야 한다. 이렇게 중층의 다변화된 지역 협력체에 모두 참여하여 한국이 무역과 투자의 허브가 되도록 해야 한다.

앞에서 설명한 것처럼 코로나 사태 이전부터 글로벌 기업들은 노동 비용이 주가 되는 글로벌 가치사슬을 디지털 플랫폼, 사물인터넷, 로봇, 인공지능 등 4차 산업혁명 기술에 의존하는 새로운 형태로 변화시켜 왔다. 포스트 코로나 시대에는 변화 속도가 더욱 빨라질 것이다. 이른바 저비용보다는 4차 산업혁명 기술을 이용하여 고품질–최적 비용(best cost)의 글로벌 공급망을 구축할 것이다.

따라서 글로벌 기업들이 한국으로 디쇼어링하도록 유도하고 해외로 진출했던 우리 기업들이 리쇼어링하도록 하기 위해서는 한국이 4차 산업혁명을 선도하는 국가가 되어야 한다.[1]

아울러 코로나 이후 4차 세계화 시대에는 미국의 슈퍼 파워 위상이 감소할 것이다. 그러나 중국이 미국을 대체해 세계의 리더가 되기에는 아직 갈 길이 멀다. 무엇보다 경제 규모와 발전 수준이 못미칠 뿐만 아니라 권위주의적 통제국인 중국을 세계가 리더로 받아들이지 않을 것이기 때문이다.

대신 미국과 중국 간의 냉전 시대가 도래할 것이고, 미국을 따르는 국가들과 중국을 따르는(또는 따를 수밖에 없는) 국가들 사이의 대리전이 발생할 가능성이 크다. 세계가 미국과 중국 중심의 세력으로 양분되면서 새로운 냉전 체제가 전개될수록 우리나라와 같은 '소국'(小國)에게는 유엔과 같은 다자간 협력 기구가 더욱 필요하다. 기왕이면 한국이 유엔, WTO, World Bank, OECD 등의 국제기구에서 아젠다 세터(agenda setter)로서 새로운 판을 주도해야 한다. 이를 위해서는 다른 나라들이 따를 수 있는 창의적 지식, 즉 새로운 아이디어를 제공해야 한다.[2]

---

1 이에 대해서는 선택 3에서 설명한다.
2 이에 대해서는 선택 4에서 설명한다.

선택 3: 4차 산업혁명의 선도 국가

앞서 설명한 대로 한국 경제는 인구 고령화로 인해 활력을 잃어 가고 있는 와중에 코로나 사태로 탈세계화라는 최대 위기를 맞았다. 그야말로 내우외환의 위기 상황이다.

그나마 다행인 것은 코로나 사태를 계기로 4차 산업혁명이 빨라질 것이라는 점이다. 한국이 4차 산업혁명을 선도할 수 있다면 현재의 상황이 최대 기회가 될 수 있다.

경제성장 분야에서 세계적으로 유명한 에이스모글루 교수와 레스트레포 교수는 인구 고령화 정도가 높은 국가들이라도 로봇과 같은 자동화 기술 도입이 빠른 나라들의 경제성장률은 그렇지 않은 나라들에 비해 높다는 연구 결과를 발표했다.[3] 이 연구는 주로 로봇과 같은 자동화 기술에만 초점을 맞추었지만, 인공지능, 빅 데이터, 3D 프린팅 등 모든 4차 산업혁명의 신기술들은 생산성과 경제성장률을 획기적으로 높일 수 있다.

따라서 한국은 인구 고령화로 인한 생산성 저하를 4차 산업혁명 기술을 이용한 생산성 향상으로 극복할 수 있는 것이다. 더욱이 한국이 4차 산업혁명의 선도국이 된다면, 한국은 세계를 주도할 수 있

3 D. Acemoglu and P. Restrepo(2017) "Secular Stagnation? The Effect of Aging on Economic Growth in the Age of Automation," *American Economic Review*, 105(5), pp. 174~79.

는 패권국이 될 수도 있다.

한국은 자타 공히 IT 강국으로서 세계 경제가 디지털 경제로 전환되는 과정에서 잠재적 우위를 가지고 있다. 그러나 포브스가 발표하는 세계 100대 디지털 기업 중에는 미국 39개, 일본 12개, 중국 9개인 데 비해 한국은 4개밖에 없다. 더욱 문제는 한국에는 새롭게 도전하는 스타트업 글로벌 기업들이 많지 않다는 점이다. 스타트업 랭킹에 따르면 세계 500대 스타트업 기업 중에는 미국 155개, 일본 27개, 영국 25개, 캐나다 19개, 호주 13개, 프랑스 12개, 독일 11개, 이스라엘 7개, 싱가포르 5개를 기록하고 있는데 한국은 고작 플래텀 (Platum) 1개뿐이다.[4]

CB인사이트가 발표한 2020년도 세계 100대 인공지능(AI) 기업에는 미국이 65개, 캐나다와 영국이 각각 8개, 중국 6개, 이스라엘 3개 기업 등 13개 국가의 기업들이 포함되었는데 한국 기업은 없다.[5]

반도체를 이을 새로운 산업이 우후죽순처럼 일어나도록 해야 한다. 특히 디지털 지식 중심의 4차 세계화를 이끌 수 있는 산업, 즉 4차 산업혁명과 궤를 같이하는 산업들이 일어나도록 해야 한다. 이를 위해 4차 산업혁명의 신기술을 비즈니스 자양분으로 먹고사는 기업들이 대거 등장할 수 있도록 하는 새로운 '산업 생태계'를 만들

---

4 Startup Ranking, https://www.startupranking.com/top.
5 CB INSIGHTS, "AI100: The Artificial Intelligence Startups Redefining Industries," 2020년 3월 3일.

어야 한다.

문제는 불합리한 과잉 규제이다. 세계 100대 디지털 기업들이 한국에 오면 절반이 불법이라는 말이 있다. 세계 500대 스타트업 기업들이 한국에 오면 아마 절반을 훌쩍 넘는 수가 불법일 것이다.

2019년 "글로벌 기업가정신 모니터"[6] 지수에서 성인 중 새로운 비즈니스를 시작하기 쉬운지에 대한 질문에서 쉽다고 생각하는 응답자 비율이 조사 대상 50개국 중 한국은 42위를 기록했다. 아시아에서 한국보다 낮은 순위의 국가는 일본밖에 없고 유럽과 북미에서는 슬로바키아, 러시아, 라트비아 등 3개국밖에 없었다.

정치권과 정부는 3차 산업혁명 시대의 '포지티브'(positive) 규제 방식을 4차 산업혁명 시대의 급변하는 환경에 맞도록 '네거티브' (negative) 규제 방식으로 바꿔야 한다. 이른바 법률에서 금지한 행위가 아니라면 모두 허용하는 규제 방식으로 가야 한다. 정부는 2018년 '포괄적 네거티브 규제'라는 방식을 새롭게 제시했다. 이른바 신제품, 신기술의 시장 출시를 먼저 허용하고 필요시 사후에 규제하는 방식이다.

취지는 그럴 듯하다. 그러나 "악마는 디테일에 있다"는 말처럼 처음에는 허용했다가 정치권과 정부가 '필요시'라는 이유로 사후에

---

6 GEM, "Global Entrepreneurship Monitor - 2019/2020 Global Report."

규제 완화와 규제 개혁

저자는 미국, 캐나다, 일본, 호주, 싱가포르 등에서 살면서 과속 차량이나 불법주차 등을 거의 보지 못했다. 그런데 우리나라에서의 운전은 불법행위의 연속이다. 규정 속도보다 빠르게 달리기도 하고, 교통신호를 적당히 위반하기도 하고, 불법주차를 하게 되는 경우도 많다. 아마 저자를 포함해 운전을 하는 한국인 대부분의 불편한 진실일 것이다.

저자가 보기에 이러한 불편한 진실은 사람들의 문제가 아니라 제도의 문제이다. 우리나라의 도로는 도로 종류별로 지나치게 엄격하게 획일적으로 정해진 최고 제한 속도를 지켜야 한다. 반면에 소위 선진국들의 도로는 도로 종류뿐만 도심 구간 여부, 도로의 휨 정도 등에 따라 매우 세밀하게 최고 제한 속도가 정해져 있다. 그리고 이러한 제한 속도를 지키지 않으면 어디서 나타났는지 모를 경찰이 위반 차량을 단속한다. 주차도 마찬가지이다. 필요한 곳에 필요한 만큼 주차 지역이 지정되어 있고, 불법주차를 하게 되면 어김없이 딱지를 떼이거나 견인된 차를 되찾아야 하는 막대한 비용 지출을 각오해야 한다.

이에 비해 우리나라에서는 규정 속도를 지키기가 참 어렵다. 예를 들어, 서울-춘천 고속도로를 달리다가 남춘천 IC에서 나와 춘천 시내로 들어오는 도로는 고속도로 개통 이후에 새로 확장된 왕복 4차선 도로이다. 시속 100km쯤 되어야 할 것 같은 이 넓고 한적한 도로의 최고 제한 속도는 시속 70km이다. 규정 속도를 지키려 해도 쌩쌩 스쳐 지나가는 차량을 보면 규정 속도를 지키는 사람만 바보가 된 느낌이다. 그리고 거의 인적이 없는 곳에 만들어 둔 교통 신호등은 사람이 지나다니지 않더라도 규칙적으로 빨간불이 들어오는데 이때 나 혼자 서 있기라도 하면 뒤차가 하이빔을 켜며 빨리 가기를 재촉하기도 한다.

그래서 어쩔 수 없이 속도 제한을 넘기고 빨간 신호등을 무시하고 지나더라도 단속하는 경관은 거의 볼 수 없다. 게다가 몇 km 전방에 속도 위반 무인단속 카메라가 있다는 식으로 친절한 안내 간판이 설치되어 있으니 평소에 법을 지키는 것이 손해처럼 느껴진다. 경제학 용어로 이야기하면 법규를 무시해서 얻는 기대이익이 단속에 걸려 지불하는 기회비용보다 크기 때문에 운전자들은 교통법규를 지키지 않게 되는 것이다.

　　좀 장황하게 선진국과 한국의 교통법규 차이를 설명한 것은 경제 규제도 거의 비슷하기 때문이다. 선진국의 경우에는 필요한 곳에 규제를 만들고 일단 만든 규제는 철저히 집행해 나간다. 우리나라는 필요하지 않은 곳에 과도한 규제를 하거나 정작 필요한 곳에는 규제가 허술하다. 그리고 규제를 만들어도 집행은 그야말로 감독관청의 자의적인 판단에 따르는 경우가 대부분이다. 그래서 우리나라에서 경제 활동을 한다는 것은 잠재적 범죄 행위를 하게 될 가능성이 높다는 것이고 이 때문에 감독관청과의 어두운 거래가 생길 소지가 높은 것이다. 마치 운전하며 불합리한 교통법규를 어기게 되고 이 때문에 단속 경찰과의 어두운 거래가 생길 소지가 있는 것처럼 말이다.

　　4차 산업혁명 기술 경쟁에서 이기기 위해 모든 규제를 풀어야 한다는 뜻은 아니다. 경제 규제도 교통법규와 마찬가지로 필요한 곳의 규제는 강화하고 불필요한 곳의 규제는 완화해서 '합리적인' 규제를 만들어야 한다. 그리고 일단 규제가 만들어지면 철저히 집행해서 경제 참가자들(기업, 노동자, 소비자 등)이 경제 활동을 함에 있어서 규제를 따르는 것이 최적의 선택이 되도록 해야 한다. 이것이야말로 제대로 된 규제 개혁이다.

* 경향신문(2015년 6월 21일자)에 게재한 저자의 시론 "규제, 개혁과 완화는 다르다"의 내용 일부를 수정한 것임.

규제를 하게 되면 기업에게는 엄청난 리스크가 된다. '타다'가 한때
는 혁신적인 플랫폼 택시라고 정부의 칭송을 받았다. 그러나 택시
업계의 반발 때문에 막판에 국회가 불허하였고 막대한 자본과 인력
을 투자해 만든 새로운 사업이 한순간에 날아가 버렸다.

　다른 나라에서는 이미 보편화되어 있는 타다나 우버와 같은 차
량 서비스가 한국에서는 허가조차 받을 수 없는 상황에서 창의성을
먹고사는 스타트업 기업들이 나올 수 없다. '포괄적 네거티브 규제'
를 '명시적 네거티브 규제' 방식으로 바꿔야 한다. 이래야 미래가 예
측 가능하고 많은 스타트업 기업들이 나올 수 있다.

　4차 산업혁명 시대의 기업들은 저비용(low cost)이 아닌 최적 비
용(best cost), 나은 상품(better product)이 아닌 최고 상품(best product)을
제시할 수 있어야만 살아남을 수 있다. 제품 개발에서부터, 생산과
유통에 이르는 전 과정에 로봇, AI, 빅 데이터, 3D 프린팅 등이 결합
된 지능형 생산 공장인 스마트 팩토리(smart factory)를 만들어야 한다.
아울러 소비자들이 핀테크 기술과 디지털 플랫폼이 결합된 스마트
컨섬션(smart consumption)을 하도록 인프라를 구축하고 제도를 정비
해야 한다.

　4차 산업혁명의 핵심도 결국은 사람이다. 한국을 먹여 살릴 희
망은 창의적인 인재에 있다. 창의적인 인재는 창의적인 삶과 창의
적인 교육을 통해서만 길러질 수 있다. 그런데 한국인이 사는 집들

과 교육하는 학교들을 보면 도대체 창의성을 기대하기 어렵다. 거의 모든 사람들이 도시에서, 그것도 천편일률적인 사각 모양의 아파트 공간에서 살면서 어떻게 창의적인 생각을 할 수 있겠는가. 학교는 또 다른 사각 모양의 획일화된 공간인 데 더해서 담장으로 둘러쌓여 있다. 이런 공간은 유현준 교수(홍익대 건축학과)의 말대로 학교 말고는 교도소뿐이다. 이런 집과 학교에서 최소 12년을 가두어 놓은 다음 단 한차례의 똑같은 수능 시험으로 줄을 세워 일류 대학에 보낸들 무슨 창의적인 인재를 기대할 수 있겠는가. 이번 기회에 4차 산업혁명 시대에 걸맞도록 다양한 주거 공간과 교육 공간의 혁명이 있기를 바란다. 그래야만 창의성과 다양성이 존중되는 교육혁명을 기대할 수 있다.

이제 개개인도 바뀌어야 한다. 코로나 사태 이후에도 사람들은 예전의 삶으로 돌아갈 수 없고 새로운 세상에 살 수밖에 없음을 알게 될 것이다. 새로운 세상은 더 이상 아날로그 세상이 아닌 4차 산업혁명 시대의 초연결 디지털 세상일 것이다. 기술혁명으로 절반 이상의 직업들이 없어질 것이라는 전망이다. 그리고 새로운 직업들이 생겨날 것이다. 지금 최고의 직업, 최고의 직장이라고 생각하는 것들이 4차 산업혁명 시대에는 없어지거나 이류의 직업, 이류의 직장이 될 것이다.

변호사, 의사, 회계사, 공무원이 되겠다는 생각을 버려야 한다.

이 직업들은 4차 산업혁명 시대에 가장 먼저 없어질 것들이다. 대기업에 취업하겠다는 생각도 버려야 한다. 한국의 시가 총액 기준 30대 기업 중 절반이 10년 안에 사라질 것이라는 예상이다.

결국 지금 하고 있는 방식의 공부는 그야말로 졸업과 동시에 쓸데없는 것들이 될 공산이 매우 크다. 그래서 4차 산업혁명 시대, 초연결 디지털 세상에서 존재 가치를 가질 수 있는 글로벌 인재가 되어야 한다. 10년 또는 20년 뒤에 최고의 직업이 무엇일지 저자는 모른다. 이 분야 전문가라는 사람들도 모를 것이다. 안다고 하면 무식해서 용감하거나 거짓말을 하고 있는 것이다. 다만 확실한 것은 미래의 직업에 걸맞는 인재상은 지금과는 전혀 다른 창의성과 다양성을 요구할 것이라는 점이다. 그렇기 때문에 창의성과 다양성을 스스로 키울 수 있는 교육혁명이 절대적으로 필요한 것이다.

선택 4: 4차 산업혁명에 앞서가는 나라들에게서 배운다

현재까지 4차 산업혁명에 가장 앞서가는 나라는 미국이다. 그리고 미국을 추월하려는 나라가 중국이다. 중국은 3차 산업혁명에서는 뒤졌지만 4차 산업혁명에서는 가장 앞서나가 세계 패권국이 되겠다는 야심을 가지고 있는 나라이다. 세계지적재산권기구(WIPO)에 따르면, 2018년 중국의 특허 신청 건수는 139만 3,815건으로 세계 1위이다. 이는 2위를 차지한 미국의 28만 5,095건에 비해 다섯 배, 4위를 차지한 한국의 16만 2,561건에 비해 여덟 배에 달한다.

중국은 전 세계에서 가장 방대한 모바일 결제 빅 데이터와 세계 최고의 안면 인식 기술을 보유하고 있다. 중국에서는 모든 결제가 위챗이나 알리페이로 이루어지고 있으며, "거지들이 깡통에 QR 코드를 붙이고 다닌다"는 말이 있을 정도이다. 이러한 세계 최고의 디지털 기술을 이용한 사이버 통제력 때문에 중국은 비교적 빨리 코로나 사태를 진정시켰다는 평가를 받고 있다. 인민은행은 이미 법정화폐로서의 디지털 화폐(Central Bank Digital Currency; CBDC)를 4대 국유 은행 중 하나인 농협은행에서 시험적으로 도입하고 있다. 아마도 중국이 세계에서 가장 먼저 법정 디지털 화폐를 도입하는 나라가 될 것이다. 디지털 화폐는 당분간 국내에서 사용되겠지만, 궁극적으로 무역 결제, 해외 송금 등 대외 거래에 사용될 것이다. 이렇게 되면 중국 위안화가 미국 달러와 기축통화를 두고 경쟁하는 상황이 될 것이다.

중국은 코로나 사태 충격에 따른 경기 침체를 극복하기 위해 '7대 신(新)인프라 건설 계획'(新型基礎設施建設)을 발표했다. 5G 이동 통신망, 공업 인터넷(로봇, 클라우드, 인공지능), 빅 데이터 센터, 인공지능, 특고압 설비, 신에너지 자동차, 도시 철도 등 7대 신인프라 투자에 50조 위안(약 8,676조 원)을 투자하겠다는 계획이다. 2019년 중국 GDP의 절반에 해당하고 우리나라 GDP 1,914조 원의 4배가 넘는 금액이다. 이를 통해 침체한 경제를 일으켜 세우는 동시에 4차 산업혁명을 촉진시키겠다는 전략이다.

4차 산업혁명과 4차 세계화 시대에 한국이 꼭 참고해야 할 두 나라가 있다. 이스라엘과 싱가포르이다.

이스라엘은 인구가 한국의 1/6, 국토 면적은 1/10밖에 되지 않는 작은 국가이면서 적국으로 둘러싸여 있다. 시몬 페레스(Shimon Peres)는 이스라엘을 약소국에서 강소국으로 끌어올린 혁신의 주역이었다. 페레스가 1984년 처음 총리의 자리에 오를 당시 이스라엘은 연간 인플레이션율이 400%에 달하고, 주식이 폭락하는 풍전등화 상태에 있었다. 페레스는 총리 취임 후 사회주의 체제였던 이스라엘 경제를 노사정 합의를 바탕에 둔 대대적인 개혁 정책을 통해 경제 발전을 이끌어 냈다. 정치 인생 후반에는 이스라엘을 세계 최고의 혁신 국가, 스타트업 천국으로 만들었다. 이런 위대한 정치인의 노력에 힘입어 원자력 안전 기술, 인터넷 보안 기술, USB 등이 이스라엘에서 시작되었다.

2018년 기준으로 이스라엘의 벤처 캐피털 투자는 GDP 대비 1.75%였는 데 반해 한국은 0.36%에 불과했다. 미국도 0.64%였다. "이스라엘에서 시작한 6,000개의 스타트업들 가운데, 90개(2016년 기준)가 나스닥에 상장되었고(우리나라와 일본은 각각 2곳뿐) 세계 굴지의 벤처 투자 회사들이 모여든 이스라엘판 실리콘 밸리 '실리콘 와디'는 자동차·IT·바이오·농업 등 기술 벤처 투자의 격전장이 되었다."[7] 앞에서도 언급했지만 세계 500대 스타트업 기업 중에 한국 기업은 고작 1개인 데 반해 이스라엘 기업은 7개가 포함되어 있다.

벨류어(Valuer)가 발표하는 스타트업 기업들에게 최고의 생태 환경을 제공하는 세계 50개 도시에 이스라엘의 텔아비브가 2위를 차지했다.[8] 서울은 고작 36위를 기록하고 있는데 말이다.

이미 오래전부터 세계에서 가장 기업하기 좋은 국가로 평가받고 있는 싱가포르는 2014년 국가 전체를 지속 발전이 가능한 스마트 국가로 만들겠다는 '스마트 네이션'(Smart Nation) 프로젝트를 선포했다. 싱가포르는 세계적인 스마트 시티 평가에서 항상 1위를 차지했

---

7 시몬 페레스 저, 윤종록 역(2019), 『작은 꿈을 위한 방은 없다』, 쌤앤파커스.
8 Valuer, 50 Best Startup Cities in 2019.

제2부 파도 아 대한민국의 혁신 전략

136

다. 2017년 영국 주니퍼 리서치가 조사한 스마트 시티 퍼포먼스 지수에서 1위를 차지했고 2018년 바르셀로나에서 개최된 스마트 시티 엑스포에서도 올해의 스마트 시티로 선정되었다. 밸류어가 발표하는 스타트업 기업들에게 최고의 생태 환경을 제공하는 세계 50대 도시에서도 싱가포르가 12위에 랭크되어 있다.

싱가포르는 2018년 도시 전체를 3D 가상 현실로 복제한 버추얼 싱가포르를 완성했다. 여기에는 도로와 빌딩 같은 주요 시설뿐만 아니라 가로수와 공원 벤치까지 상세한 정보가 수록되어 있다. 이것은 건설, 교통, 환경, 에너지, 공중 안전 등 다양한 분야에서 활용되고 있다.

싱가포르는 또 2017년부터 온 디맨드(On demand) 무인 자율 주행 택시인 누토노미(NuTonomy)를 운영하고 있다. 스마트폰에 자신의 위치와 가고자 하는 목적지를 입력하면 가장 가까운 곳에 대기하고 있던 누토노미 차량이 와서 승객을 태운 후 이미 입력된 목적지로 데려다주는 시스템이다. 싱가포르 정부는 자율 주행 버스의 상용화도 추진 중이다.

이는 세계에서 가장 기업하기 좋고 가장 살기 좋은 나라를 만들겠다는 '스마트'한 정부가 있기 때문에 가능하다. 저자가 APEC에 근무할 때 싱가포르에서 일 년여를 살면서 가장 부럽게 생각했던 것도 우수한 행정 체계와 공무원 집단이었다.

아울러 2011년 결성된 민간 기업들의 협력 네트워크인 론치패드(Launch pad)의 역할도 크다. 현재 800개에 가까운 스타트업 기업들이 참여해 각종 혁신 기술을 개발하고 있다. 론치패드는 싱가포르를 넘어 아시아 전체에서 스타트업 허브를 목표로 하고 있다. 덕분에 세계 500대 스타트업 기업 중에 싱가포르는 5개 기업이 포함되었다.

외국인 노동자들의 열악한 거주 시설 때문에 코로나 확진 환자가 집단 발생하면서 스타일을 구겼지만, 싱가포르는 스마트한 정부와 스마트한 기업, 그리고 이를 수용하는 스마트한 국민들이 함께 어우러져 스마트 국가를 만들고 있다.

이스라엘의 인구는 900만, 싱가포르의 인구는 560만으로 한국 인구에 비하면 각각 1/6과 1/10밖에 되지 않는 작은 나라들이다. 그리고 이스라엘과 싱가포르의 영토는 1/10과 1/300밖에 안 되는 나라들이다. 이들의 인구밀도도 한국보다 훨씬 높다. 그럼에도 불구하고, 일인당 국민소득은 싱가포르는 2019년 기준 6만 3,987달러로 세계 8위, 이스라엘은 4만 2,823달러로 세계 19위이다. 이에 반해 한국은 3만 1,430달러로 세계 27위 국가이다.

이스라엘과 싱가포르가 갖고 있는 것이라곤 오직 '사람'뿐이다. '사람'은 태어나 교육 과정을 거쳐 '인적 자원'의 질이 결정된다. 전 세계의 경제, 정치, 문화·예술, 과학계를 주름잡고 있으며 노벨상을 휩쓸고 있는 유태인들의 창의적인 교육법은 이미 정평이 나 있다. 싱가포르의 대학들은 전 세계 최고 수준으로 평가되고 있다. 영국의 대학 평가 기관 QS(Quacquarelli Symonds)에 의하면 2020년 기준으로 싱가포르의 난양공과대학(NTU)과 싱가포르국립대(NUS)가 모두 세계 11위에 랭크되었다. 이는 미국의 프린스턴(13위), 코넬(14위), 예일(17위)보다 높은 순위이다. 서울대는 37위에 랭크되어 있다.

한국도 갖고 있는 것이라곤 오직 '사람'뿐이다. 3차 산업혁명과 3차 세계화 시기에는 수입한 천연자원을 '잘 교육받은' 인적 자원을 이용하여 생산하고, 이를 해외에 수출해서 벌어들인 외화로 더 많은 천연자원을 수입해서 더 많은 생산과 수출을 하는 방식으로 성장했다.

4차 산업혁명은 창의성을 먹고 사는 생물이다. 그래서 우리의 희망은 창의성 있는 미래 인재에 있다. 이번 기회에 과감한 교육혁명이 있기를 바란다. 암기 능력에 따른 더 이상의 줄 세우기가 아니라 창의성, 다양성이 존중되는 그래서 모두가 일등이 될 수도 있는 교육혁명이 있어야 한다.

선택 5: 한국만의 K-시스템

그동안 우리는 민주주의와 시장경제가 결합해야만 경제성장과 부를 이룬다고 생각했다. 자유로운 민주주의와 방임적인 시장경제가 성공의 레시피였다. 이 중심에는 미국이 있었고 EU가 있었다.

그러나 이번 코로나 사태로 세계에서 가장 많은 사망자를 내고 있고 마스크와 휴지가 없어 사재기에 나서는 미국을 보면서 이 등식이 깨지고 있다. 단순히 제조업이 취약하기 때문이 아니라 미국의 복지와 경제 시스템 전반에 대한 회의를 불러일으키고 있다.

반면에 중국은 코로나 사태를 매우 빠르게 진정시키면서 권위주의적 사회주의와 통제된 시장경제가 결합한 중국식 모델을 새로운 성공의 레시피로 전 세계에 보여 주었다. 중국은 그동안 막대한 투자를 통해 AI와 빅 데이터 분야에서 세계 최고의 기술을 갖고 있기 때문에 가능했다. 중국은 촘촘하게 엮어진 디지털 네트워크를 통해 사회 곳곳의 정보를 수집하고 통제하는 권위주의적인 사회주의·시장경제 체제가 가능하도록 한 것이다.

그러나 투명하지 못한 정보 통제는 중국을 믿지 못할 나라로 만들었다. 이는 국가가 개인 정보를 샅샅이 파악하고 개인의 사생활을 통제하는 사회, 이른바 '빅브라더'가 지배하는 패놉티콘(panopticon)[9] 사회로 갈 위험이 있음을 확인했다. 투명성과 신뢰성이 떨어지는 중국이 4차 산업혁명과 4차 세계화를 주도하는 건 쉽지 않을 것이다. 무엇보다 서방 선진국들은 중국의 권위주의 모델을 수용하지 않을 것이다.

대신 한국은 세계에 특정 지역이나 특정 국가를 봉쇄하지 않고도 투명하고 효율적인 방역 체계를 보여 줌으로써 세계 보건 분야에 새로운 성공 신화를 썼다는 평가다. 외신들은 투명성, 열린 소통과 함께 민관 협력을 성공 요인으로 꼽고 있다.

유발 하라리(Yuval Harari)는 뉴욕 타임스에 "코로나 이후의 세계"라는 기고문[10]에서 코로나 사태를 맞아 인류는 지금 두 가지의 선택 기로에 서 있다고 말한다. 한 가지는 전체주의적 감시 체제와 시민적 역량 강화 사이의 선택, 또 한 가지는 민족주의적 고립과 글로벌 연대 사이의 선택이다.

한국은 전체주의적 감시 체제 대신 시민적 역량을, 민족주의적 고립 대신 개방과 글로벌 연대가 우리 인류가 선택해야 할 성공 모델임을 보여 주었다.

이번 코로나 사태 전에도 K-팝과 같은 한류가 우리가 세계에 선보인 새로운 성공 모델이었다. 비틀스(The Beatles) 이후 전 세계에 가장 강력한 팬덤(fandom)을 갖고 있다는 방탄소년단(BTS)은 지상파 방

---

9 영국의 공리주의 철학자 벤담이 1791년 제안한 원형 감옥을 말하며, 중앙 꼭대기에서 재소자들의 일거수일투족을 감시할 수 있다.
10 2020년 3월 20일자.

송이 아닌 유튜브(YouTube)를 통해 데뷔하고 활동하며 4차 산업혁명과 4차 세계화의 상징이 되었다.

비틀스는 3차 산업혁명 시대에 지상파 TV를 통해 세상을 지배했지만, BTS는 온라인 유튜브를 통해 세상을 지배한다. 언어도 영어가 아니라 한국어로 지배한다. 3차 세계화 시대에는 세계화란 '미국화'와 동의어였다. 미국의 표준이 세계의 표준이 되었고, 미국 문화가 세계 문화를 지배했으며 영어가 세계 공용어가 되었다. 이제 4차 산업혁명 시대에는 한국적인 것이 세계적인 것이 될 수 있다는 것이다. 스위스 다보스 포럼이라고도 불리는 세계경제포럼(WEF) 사무국은 이것이야말로 BTS가 4차 세계화에 대해 우리에게 가르치는 것이라고 말한다.

3차 세계화에서 한국은 '테이커'(taker)로서 미국과 서구 선진국들이 만든 규범과 표준을 수용하면 되었다. 그런데 미래학자인 데이터(Jim Dator) 교수는 이제 한국이 "더 이상 선진국을 따라가지 말고 스스로 선도 국가가 될 것"을 주문했다. 포스트 코로나의 새로운 세계, 4차 세계화에서는 한국만의 시스템, 'K-시스템'이 인류가 선택할 새로운 성공 모델이 되도록 해야 한다.

선택 6: 인구 재앙을 극복할 수 있는 특단의 대책[11]

대통령이 위원장으로 있는 저출산고령사회위원회(이하 저출산위원회)가 2018년 12월, "저출산고령사회정책 로드맵"을 발표했다. 2025년까지 추진하는 이 로드맵으로는 우리나라의 합계출산율을 1.0명 수준 이상으로 증가시킬 가능성은 거의 없다. 2018년 출산율 0.98명, 신생아 수 32만 7천 명이던 것이 2019년에는 각각 0.92명과 30만 3천 명으로 떨어진 것만 보아도 알 수 있다. 고령화가 가장 많이 진행된 일본의 경우만 해도 2019년 출산율 1.37명, 신생아 수 86만 4천 명을 기록했다. 한국의 신생아 수가 일본의 3분의 1 남짓하니 한국의 미래가 정말 걱정이다.

저자가 보기에 출산율이 낮은 것은 청년들이 안정적인 일자리가 없고, 결혼해도 살 집이 없으며, 아이를 낳으면 천문학적인 교육비와 무한경쟁에 키울 자신이 없기 때문이다. 그나마 어렵사리 갖고 있는 일자리도 출산과 보육 때문에 포기해야 하거나 불이익을 받을 수 있다. 이와 같이 우리나라의 저출산 문제는 고용, 주택, 교육, 보육 등이 복합적으로 얽혀져 있다.

공무원을 비롯해서 정부가 추진하는 공공 일자리 취업에서 결

혼한 청년들에게는 가산점을 주는 것도 결혼율과 출산율을 높이는 방법이다. 근본적으로는 청년 실업률을 낮춰야 하겠지만, 결혼과 출산의 긍정적 외부성(외부효과)을 내재화시키기 위해서는 이러한 결혼 장려 정책이 필요하다.

그리고 모든 신혼부부에게는 일억 원까지 20년 무이자 전세자금 대출을 해주어 살 집을 제공하자. 매년 30만 쌍의 신혼부부에게 일억 원씩 대출 지원을 하더라도 정부의 연간 이자 부담은 3퍼센트의 이자율을 적용하면 최대 9천억 원에 불과하다. 아울러 공공임대주택을 대폭 확대해서 제공하자. 세계에서 자유시장경제가 가장 잘 발달되어 있다는 싱가포르의 자가 보유 비율은 90% 정도에 이르는데, 5명 중 4명은 주택개발공사(HDB)가 건설한 공영 아파트에 살고 있다.

결혼을 했으면 아이를 갖고 싶도록 해야 한다. 출산 및 보육 대책은 출산율 1.8명 수준을 유지하고 있는 호주를 본받을 만하다. 호주 정부는 가족세금혜택(FTB)이라는 제도를 통해 부모의 소득 정도에 따라 자녀 한 명당 출생 후 만 19세까지 연간 최대 6,938 호주달러(약 6백만 원)를 지급하고 있다. 이 밖에 자녀 출산 축하금부터 시작해서 출산에 따른 의료비 지원, 육아보조금, 세금 환급 등 다양한 출산·보육 혜택을 연방정부가 제공하고 있다.

교육과 관련해서는 지금부터 출생하는 모든 아이들의 교육비를 국가가 책임지고, 국립대 등록금은 전액 무료로 하자. 이에 필요한 비용은 사립대에 대한 정부의 재정 지원을 전액 국립대로 돌리면 된다. 그리고 사립대는 정부가 지원을 하지 않는 대신 간섭도 최소화하자. 선진국 중에서도 높은 출산율을 보이고 있는 독일, 노르웨이, 핀란드 등의 국가들은 오래전부터 국립대의 등록금이 전액 무료이다.

이러한 대책들은 몇 가지 예에 불과하다. 저출산·고령화는 가정 문제이자 사회 문제이기도 하지만, 교육과 국방 문제이기도 하고, 주택, 산업 등의 경제 문제이기도 하다. 따라서 '민간이 주도'하고 보건복지부 1개 과가 실무를 보는 저출산위원회 체제로는 저출산 고령화의 인구 재앙에 대응할 수 없다. 지금이라도 인구 정책 전담 부처를 신설해야 한다. 여성가족부의 기능을 크게 확대해서 부총리급의 가칭 '인구부'로 확장하는 것도 한 방법이다.

여기서 출산율을 최소 2.0명 이상으로 높이겠다는 목표를 세우고 총체적인 저출산·고령화 대책을 마련하고 시행을 총괄해야 한다. 인구부는 보건복지부, 여성가족부, 노동부, 교육부 등으로 분산되어 있는 관련 업무를 한 곳으로 모으는 정도가 아니라 실제 우리나라가 "국민의 삶의 질을 높이고 지속적인 발전"을 할 수 있도록 모든 정부 정책의 컨트롤 타워 역할을 하도록 해야 한다. 정권 중반에 들어선 지금 새로운 정부 부처를 만드는 것이 어렵다면 청와대에 인구수석실을 신설해야 한다. 일본은 2015년에 50년 뒤에도 1억 명의 인구 유지를 목표로 하여 이에 대한 총괄 업무를 담당하는 부처인 '1억총활약담당상'을 신설하였다. 이것을 타산지석으로 삼았으면 좋겠다.

선택 7: 스마트 시티를 넘어 스마트 국토로[12]

코로나 사태를 맞아 모든 사람들은 일, 공부, 소비, 여가생활 등 삶의 모든 방식을 바꾸는 실험에 강제로 참여하고 있다. 실험을 막상 해보니 직장 동료들과 직접 만나 회의하고 회식하지 않아도 일을 충분히 효율적으로 할 수 있음을 알게 되었다. 도리어 출퇴근하느라 드는 시간과 비용을 절약할 수 있고 사무실 공간을 임대하느라 드는 비용도 절약할 수 있다. 학년과 과목에 따라 다르긴 하지만 온라인으로 하는 수업이 오히려 자투리 시간을 없앨 수 있고 수업 내용도 훨씬 충실해질 수 있음도 알게 되었다. 이것은 저자가 직접 경험하고 있는 중이다.

문제는 우리의 '주거 공간'이다. 코로나 사태로 성냥갑처럼 생긴 도시의 아파트 공간에 24시간 갇혀 있게 되었다. 사방이 막혀 있고 위아래 똑같은 공간에 사는 '위웃'과 '아래웃'과의 다툼이 두려워 가벼운 뜀뛰기 운동조차 할 수 없다. 가끔은 아파트 단지 내를 산책도 해보고 주변 공원에도 나가 보지만 다른 사람들과의 접촉이 두렵다. 그러다보니 가족들끼리의 다툼도 잦아지고 '코로나 블루'

---

12 경향신문(2018년 9월 3일자)에 게재한 저자의 시론 " '소득 불평등'보다 더 중요한 '부의 불평등'" 과 경향신문(2019년 12월 25일자)에 게재한 저자의 시론 "서울과 지방의 주택시장 역주행을 막으려면"의 일부 내용이 포함되었음.

(Corona blue)라는 신종 우울증도 얻게 되었다. 그래서 일하고 공부하면서 잠시 외부 공간에서 바람을 쐬면서 차 마실 공간이 아쉽다. 게다가 바늘 한 개라도 꽂을 공간을 만들 요량으로 없애 버린 베란다는 아쉬움을 넘어 숨이 막힌다. 창밖으로 보이는 회색 도시는 우리를 더욱 우울하게 만들고 있다.

산업화 시대에는 전국에 흩어져 살던 사람들이 서울과 같은 도시로 와서 산업 일꾼이 되었다. 서울 등 대도시에 사람과 돈과 일자리를 집중시키는 것이 집적의 이익과 규모의 경제 이익을 극대화하기 위한 최선의 선택이었다. 그리고 아파트는 한정된 곳에 대량 생산 방식으로 찍어 낼 수 있으니 최적의 거주 공간이 되었다.

그래서 도시들은 콘크리트 덩어리 같은 아파트 단지들이 모여있는 '회색 숲'이 되어 버렸다. 반면에 젊은이들이 떠나 버린 지방과 시골은 노인들과 빈집만 늘어나는 주변부로 전락했다.

코로나 이후의 새로운 세계에서는 4차 산업혁명 기술이 우리 삶에 깊숙이 함께 하면서 물리적 접촉이 아닌 버츄얼(virtual) 접촉 방식의 재택근무와 재택수업이 늘어날 것이다. 그동안 도시의 아파트에 살아왔던 이유는 낮에는 모두 직장과 학교로 나갔다가 저녁에 돌아와서 잠만 자는 생활의 편리함 때문이었다. 이제 새로운 세계에서는 편리함보다는 사각 공간에 모든 가족이 많은 시간을 갇혀 사는데 따른 불편함이 커질 수밖에 없다.

몇 년 전 영국 BBC 방송은 인도네시아 발리에 살면서 초스피드 인터넷망을 통해 전 세계를 대상으로 한 첨단 비즈니스를 하는 젊은이들을 소개했다. 방송 제목이 "실리콘 밸리(Silicon Valley)를 잊어버리고 '실리콘 발리'(Silicon Bali)를 만나다"였다. 첨단 테크 기업에 일하는 젊은이들이 이제는 복잡하고 물가가 비싼 '실리콘 밸리' 대신 한적하고 물가가 싼 '실리콘 발리'에 살면서 삶을 즐기고 있다는 것이다. 인도네시아 발리에 살면서 전 세계와 함께 일을 하는 시대이다.

이코노미스트지는 인류 역사는 이제 BC(Before Coronavirus)와 AD(After Domestication)로 구분될 것이라는 재미있는 기사를 실었다.[13] 즉, 코로나 사태 이전 오피스에서 일하는 시대는 가고 집에서 일하는 시대가 올 것이라는 것이다. 트위터(Twitter)는 코로나 사태를 계기로 모든 직원의 재택근무(working from home)를 허용할 것이라고 2020년 5월 발표했다. 페이스북(Facebook)도 10년 안에 직원의 절반은 재택근무할 것으로 예상하고 있다.

코로나 이후의 새로운 세계에서는 서울과 같은 대도시의 아파트를 떠나 전원의 '집'에 살면서 일하는 사람들이 늘 것이다. 예를 들어, 일주일에 2~3일은 도시로 출근하고 나머지 2~3일은 시골집에

---

13 *The Economist*, "Working life has entered a new era – Farewell BC (before coronavirus), Welcome AD (after domestication)," 2020년 5월 30일자.

제5장 한국교회의 미래

149

서 일할 수 있을 것이다. 전원에서 흙냄새를 맡으며 '녹색 숲'을 보며 일하면 삶의 질이 높아질 뿐만 아니라 창의적인 생각으로 업무 효율도 높아질 것이다.

코로나 사태로 재택근무와 사회적 거리두기를 하면서 인구가 밀집된 대도시와 아파트에 대한 선호도가 낮아질 것이다. 대신 도시 교외 지역과 농촌 지역에 대한 선호도는 크게 높아질 것이다.

이런 차원에서 정부는 부동산 정책을 서울 중심이 아니라 전 국토를 대상으로 확대해야 한다. 그동안의 부동산 정책은 서울, 특히 강남의 아파트값을 안정시키려는 대책이었음에도 불구하고 이 지역의 아파트값은 폭등했다.

이로써 집을 가지고 있는 사람과 가지고 있지 못한 사람 간의 부의 불평등과, 서울권과 지방 간의 부의 불평등이 크게 심화되었다. 서울권 부동산 가격이 폭등하는 상황에서 약간의 최저임금 인상은 서민들에게 이번 생애에는 내 집 마련의 꿈을 포기하게 하고 지방 사람들에게는 서울 입성을 포기하게 한다.

게다가 소비는 소득뿐만 아니라 부의 함수임을 생각해 보면 정부가 최저임금을 급격히 올리더라도 부동산 가격 폭등으로 부의 상대적 격차가 더욱 확대되면서 저소득층의 소비가 늘어나기는 불가능한 상황이다.

소득 불평등은 노동 질의 차이에 따라 나타난 것이기에 일견 필요한 측면이 있다. 그러나 심화되고 있는 부동산 양극화와 이에 따른 부의 불평등은 그야말로 불로소득 중 최상급 불로소득이다.

서울과 수도권, 특히 강남 지역에는 일자리들이 몰려 있을 뿐만 아니라 교통, 교육, 의료, 문화 등 사회적 인프라가 국토의 다른 지역에 비해 훨씬 잘 갖춰져 있다. 바로 이 때문에 이 지역의 집값이 비싼 것이다. 사회적 인프라는 국민 세금으로 만든 것이다. 그러니 당연히 집값에 반영된 사회적 인프라로부터 얻은 혜택은 세금으로 사회에 환원되어야 한다.

부동산 정책의 근본적인 전환이 있어야 한다. 무엇보다 OECD 평균보다 훨씬 낮은 부동산 보유세율을 가격에 비례하여 누진적으로 높여야 한다. 아울러 빠른 시일 안에 공시지가 실거래 반영률을 현재 65% 수준(경실련 주장 43%)에서 최소 80%까지 끌어올려야 한다. 이와 같이 실질보유세율을 빨리 끌어올림으로써 주택의 보유 부담을 높여야 한다. 대신 양도소득세는 대폭 낮추어 주택 공급을 늘려야 한다. 주택시장에서는 신규 주택보다는 중고품 주택(이미 살고 있는 주택)의 공급이 훨씬 용이하다.

1가구 다주택자에 대한 중과세 정책은 서울, 그것도 강남의 '똑똑한 한 채'에 대한 수요를 더욱 키워 이 지역의 집값만 폭등하는 결과를 가져왔다. 1가구 다주택에 대한 중과세 정책에서 지방과 농촌 지역의 주택은 제외할 뿐만 아니라 이 지역의 '세컨드 하우스'를 보유하도록 장려해야 한다. 이로써 4차 산업혁명과 함께 일상화될 재택근무와 재택수업을 회색의 서울 아파트에서가 아니라 녹색의 '시골집'에서 할 수 있도록 해야 한다.

디지털 시대에는 물리적 집중보다는 버추얼 네트워크의 연결이 더욱 중요하다. 따라서 전국 방방곡곡이 디지털 네트워크로 연결될 수 있는 인프라를 갖추어야 한다. 이를 통해 서울만의 '스마트 도시'가 아니라 대한민국 전체를 '스마트 국토'로 만들어야 한다. 아울러 지방과 농촌의 거주 여건을 크게 개선해야 한다. 지방과 농촌에서도 양질의 교육과 의료 혜택을 받아 인간의 품위를 지키며 살 수 있도록 해야 한다. 정부는 2020년 1월 공고된 제5차 국토종합계획(2020~40)에 이러한 내용이 구체적으로 반영될 수 있도록 수정 계획을 마련해야 한다.

이번 기회에 서울 중심주의와 아파트 중심의 주거 문화가 전 국토를 포용하고 자연과 상생하는 주거 문화로 바뀌도록 해야 한다. 이렇게 되면 서울과 수도권에 몰려 있는 인구와 돈이 지방으로 흘러갈 것이다. 저출산·고령화 때문에 날로 심각해지고 있는 지방과 농촌 지역의 빈집과 미분양 주택 문제도 해소할 수 있을 것이다. 코로나는 고령화로 쇠퇴하고 있는 지방 도시와 농어촌의 공동화를 극복하고 전 국토의 균형 발전을 가져올 수 있는 뜻밖의 선물일 수 있다.

선택 8: 지속가능발전을 위한 포용성장[14]

앞에서 설명한 것처럼 한국은 지난 10여 년 동안 경제성장의 동력이 계속해서 약화되어 왔다. 동시에 사회는 더욱 양극화되었고 환경 파괴로 숨도 편하게 쉬지 못하는 나라가 되었다. 그래서 '헬조선'이라고 한다.

코로나 사태로 경제가 멈춰 서면서 저임금 육체노동자와 중소기업들이 가장 큰 피해를 받고 있다. 게다가 포스트 코로나 시대에 본격화될 4차 산업혁명과 4차 세계화는 사회 양극화를 더욱 심화시킬 수 있다.

한국은 4차 산업혁명과 4차 세계화를 주도해야 한다. 이를 위해서는 스마트한 기업들이 나올 수 있는 산업 생태계를 만드는 것이 무엇보다 중요하다고 앞에서 강조했다. 그러나 사회 양극화가 확대되고 환경 파괴가 계속된다면 결코 행복한 사회가 될 수 없고 지속 가능하지도 않을 것이다. 최근 경제협력개발기구(OECD)를 비롯해 점차 많은 학자들이 소득 격차의 확대가 경제성장을 저해한다는 연구 결과를 내놓고 있다.

---

14 경향신문(2015년 1월 24일자)에 게재한 저자의 시론 "포용적 성장이 답이다"와 경향신문(2016년 12월 13일자)에 게재한 저자의 시론 "다음 대통령의 경제 과제 '포용적 성장'"의 일부 내용이 포함되었음.

이제는 소수만을 위한 경제성장이 아니라 더불어 잘 살 수 있는 경제성장을 해야 한다. 인간과 인간이 더불어 잘 살 수 있는 경제성장을 해야 하고, 인간과 자연이 더불어 잘 살 수 있는 경제성장을 해야 한다. 그래야 개개인이 행복하고 모두가 행복한 사회를 만들 수 있다.

그동안 하도 많이 들어서 식상해졌지만 지속가능발전(sustainable development)이 우리 인류의 비전이 되어야 하고 대한민국의 비전이 되어야 한다. 지속가능발전은 1987년 유엔의 『우리 공동의 미래』 보고서에서 처음 제시된 개념이다. 경제성장뿐만 아니라 사회적 형평성을 높이고 자연환경을 보전해야만 삶의 질을 높일 수 있고, 현재뿐만 아니라 미래 세대까지 지속적인 발전이 가능하다는 게 핵심 내용이다.

그러나 현실적으로 지속가능발전의 세 가지 목표를 동시에 달성시킬 수 있는 수단은 마땅치 않다. 오히려 이 세 분야는 서로 충돌하거나 모순되는 경향이 있다. 정책적으로 경제성장을 우선시하다 보면 사회적 형평성을 악화시키고 환경을 훼손하는 결과를 가져오기도 하고, 반면에 사회적 형평성이나 자연환경 보전만을 우선시하는 정책은 경제성장의 발목을 잡는 결과를 가져올 수 있다.[15] 이른

---

15 유엔은 2016년부터 2030년까지의 17개의 목표와 169개의 세부 목표로 이루어진 지속가능발전목표(SDGs)를 전 지구적으로 추구하고 있는데 이렇게 많은 목표들을 개별적으로 추진하다 보면 서로 충돌하는 경우가 발생한다.

바 지속가능발전의 '트라일레마'(trilelmma)이다.

이러한 모순과 충돌을 어떻게 극복할 것인가. 최근 세계은행, IMF, OECD, APEC 등의 국제기구들이 지지하고 있는 '포용성장'(inclusive growth)과 '녹색성장'(green growth)이 지속가능발전을 추구하는 두 날개가 되어야 한다.

포용성장은 경제성장과 사회적 형평성이라는 두 가지 목표를 동시에 달성할 수 있는 성장 전략이다. 이를 위해서는 결과의 형평성보다 '기회의 형평성'을 높이는 정책을 필요로 한다.

문재인 대통령은 2017년 취임 초부터 소위 소득주도성장을 추진해 왔다. 대통령 직속 소득주도성장특별위원회(위원장: 홍장표 전 청와대 경제수석)의 공식 설명에 의하면 "소득주도성장은 가계소득 증대, 가계지출 경감과 안전망·복지 강화를 기반으로 일자리를 늘리고, 성장잠재력을 확충하는 동시에 소득분배를 개선하는 경제성장"이다. 요약하면 저소득층의 소득을 높여 소비를 증대시키고 이를 통해 경제성장과 소득분배 개선을 도모하겠다는 정책이다.

이를 위한 대표적인 정책으로 실시한 것이 최저임금 인상과 법정근로시간 단축이다. 2017년에 시간당 6,470원이었던 최저임금은 2018년과 2019년에 각각 16.4%와 10.9%씩 인상하여 2019년에 8,350원이 되었다. 이는 2년 동안 29.0%의 인상률이다. 한편, 주당 법정근로시간을 68시간에서 52시간으로 단축하는 근로기준법 개정안이 2018

년 2월 국회를 통과했고 같은 해 7월 1일부터 직원 300명 이상의 사업장과 공공기관을 대상으로, 그리고 2020년 1월 1일부터는 50~300인 사업장으로 확대 시행하고 있다.

우선 경제성장을 촉진했는지 살펴보자. 한 나라의 잠재적 GDP는 그 나라의 생산 자원인 토지, 노동, 자본의 양과 기술 수준에 따라 결정된다. 그런데 우리나라의 토지는 늘릴 여지가 없고, 노동력 규모를 나타내는 노동가능인구(15세 이상 65세 미만 인구)는 2017년 3,761만 9,640명, 2018년 3,757만 3,903명, 2019년 3,750만 5,502명으로 매년 약간씩 줄어 2017~19년 기간 동안 11만 4,138명이 감소했다. 따라서 성장잠재력을 키우기 위해서는 자본을 증가시키고 기술을 발전시키는 길 이외에는 없다.

자본 증가는 설비투자, 기술 개발은 R&D 투자(지식재산 생산물 투자)를 통해서만 가능하다. 그런데 2017년에 16.5%와 6.5%의 성장률을 기록했던 설비투자와 지식재산 생산물 투자는 2018년 -2.4%와 2.2%, 2019년 -7.7%와 2.7%를 각각 기록했다.

즉, 소득주도성장을 추진했던 2018년과 2019년에 자본 투자가 감소하고 기술 개발 투자의 증가율이 2017년에 비해 급격히 감소했다. 이로써 2017년 3.2%였던 GDP 성장률은 2018년에는 2.7%, 2019년에는 2.0%로 감소했다.[16]

16 한국은행, "2019년 4/4분기 및 연간 국민소득(잠정)", 2020년 3월 3일.

그림 5-1 한국의 가계소득 하위 20% 계층의 총소득 추이(2003~19)

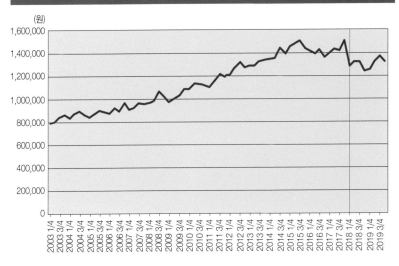

자료: 통계청, "소득5분위별 가구당 가계수지" 이용 저자 작성.

그렇다면 소득분배라도 개선했는지 살펴보자. 〈그림 5-1〉은 가계소득 하위 20% 계층의 총소득 추이를 나타내고 있다. 그림에서 보는 것처럼 2017년 4분기 1,504,820원이었던 하위 20% 계층의 총소득은 최저임금이 16.4% 인상되었던 2018년 1분기에 128만 6,702원으로 급감했다. 무려 14.5%의 감소율이다. 총소득의 가장 큰 비중을 차지하고 있는 근로소득을 보더라도 구성하고 있는 근로소득은 2017년 4분기 68만 1,446원에서 2018년 1분기 47만 2,914원으로 무려 30.6% 급감했다(〈그림 5-2〉). 근로소득은 이후에도 계속 감소하다가 2019년

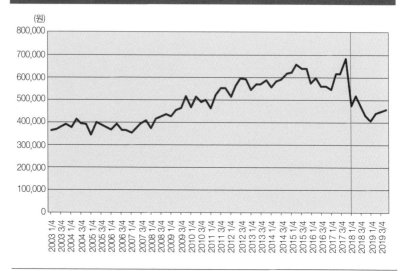

그림 5-2 한국의 가계소득 하위 20% 계층의 근로소득 추이(2003~19)

자료: 통계청, "소득5분위별 가구당 가계수지" 이용 저자 작성.

후반 약간 상승했지만 2018년 1분기 수준에도 못 미치고 있다. 두 번째로 큰 비중을 차지하는 사업소득도 22만 6,746원에서 18만 7,813원으로 17.2% 감소했다(〈그림 5-3〉).[17]

종합하면 소득주도성장은 소득 분배 개선과 경제성장이라는 윈-윈의 포용성장처럼 포장하였지만 결과적으로 소득 분배도 악화시키고 경제성장도 위축시키고 있는 것이다. 사실 소득주도성장은

---

17 통계청, "소득5분위별 가구당 가계수지 통계표".

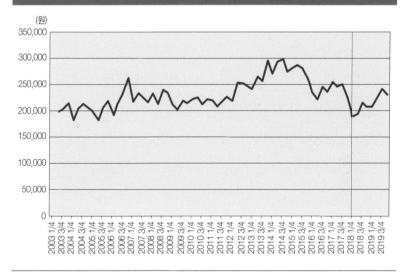

그림 5-3 한국의 가계소득 하위 20% 계층의 사업소득 추이(2003~19)

자료: 통계청, "소득5분위별 가구당 가계수지" 이용 저자 작성.

최저임금 인상이 과연 저소득층의 소득 증가와 소비 증가로 이어질 것인지, 그리고 이것이 과연 기업들의 투자와 생산 증가로 이어져 경제성장을 가져올 것인지에 대한 의문 때문에 시작부터 많은 경제학자들로부터 비판을 받았다.

위에서 살펴본 것처럼 최저임금 인상은 저소득층의 소득 증가가 아니라 감소를 가져왔다. 즉, 최저임금 인상이 편의점, 식당과 같은 한계 업소들의 이윤 감소 또는 시장 퇴출이라는 결과를 가져와 사업소득의 감소를 가져왔고, 이에 따라 이들 업소에서의 일자리가

제5장 대한민국의 앞으로의 선택

줄어들어 근로소득이 감소한 것이다.

결국 소득주도성장의 핵심인 최저임금의 급속한 인상은 기회의 형평성을 높이는 것이 아니라 도리어 낮추는 정책이다. 이에 따라 결국 저소득층의 소득 증가가 아니라 감소를 가져와 소득분배와 경제성장이라는 두 마리 토끼를 다 놓치는 결과를 가져온 것이다.

포용성장은 무엇보다 교육 기회의 형평성을 높여야 한다. 소득이나 거주 지역에 상관없이 누구나 양질의 교육을 받도록 해야 한다. 동시에 경제 활동 기회의 형평성도 높여야 한다. 여성과 남성이 육아와 가사 일을 공동으로 부담하고 여성이 출산을 이유로 직장에서 불이익을 받지 않도록 해야 한다. 동시에 스타트업 기업과 중소기업들이 대기업과 상생할 수 있는 경제 생태계가 마련되어야 한다.

4차 산업혁명 기술에 적응하는 사람들과 그렇지 못하는 사람들 간의 사회 양극화가 더욱 커질 가능성이 매우 높다. 그러나 한편으로 4차 산업혁명 기술이 포용성장을 가능케 할 수도 있다. 예를 들어, 3차 세계화로 세계가 하나의 경제권으로 묶이면서 영어가 공통의 언어가 되었다. 이에 따라 영어를 능숙하게 할 수 있느냐 없느냐가 개인 능력의 중요한 차이를 가져왔고 소득을 결정했다. 그런데 영어 능력은 해외에 산 경험이 있거나 어릴 적부터 영어 원어민으로부터 직접 배운 사람이 뛰어날 수밖에 없다. 이건 본인 능력이 아니고 부모 능력이기 때문에 사회 양극화가 대물림되는 상황이었다.

그러나 이제는 실시간 자동번역기를 이용하면 세상의 웬만한 언어를 말하고 이해할 수 있게 되었다. 예를 들어, 버거스(Birgus) 번역기를 손에 들고 있으면 70개의 언어를 말하는 전 세계 95% 인구와 쌍방향으로 소통할 수 있다. 98%의 정확도를 갖고 있다는 평가이다. 구글이 2020년 출시한 무선 이어폰 픽셀 버즈 2(Pixel Buds)는 스마트폰의 일반적인 이어폰 기능뿐만 아니라 구글의 번역기를 기반으로 한국어를 포함한 40개 언어를 실시간 통역해 준다. 마이크로소프트가 2020년 출시한 이어폰인 서피스 이어버즈(Surface Earbuds)도 60개 이상의 언어를 실시간으로 번역할 수 있다. 디지털 기술의 발달로 외국어 때문에 생기는 사회 양극화는 줄일 수 있게 된 것이다.

그리고 제품 개발부터 생산과 마케팅에 이르는 전 과정이 디지털화되고 온라인 재택근무가 확산되면 여성이나 노인의 경제 활동 참여가 훨씬 쉬워질 것이라는 점이다. 이로써 성차별과 연령차별을 줄이는 동시에 생산성을 높일 수 있는 윈-윈의 결과를 얻을 수 있다.

따라서 사회적 형평성을 높일 수 있는 디지털 혁명과 재택근무가 확산될 수 있도록 국가가 규제를 합리적으로 정비하고 지원하는 것도 4차 산업혁명 시대의 포용성장 전략이 될 수 있다.

선택 9: 지속가능발전을 위한 녹색성장[18]

포용성장이 경제성장과 사회적 형평성이 원-원(win-win)할 수 있는 정책인 반면, 녹색성장은 경제성장과 환경 보전이 원-원할 수 있는 정책이다. 이명박 전 대통령은 2008년 8월 15일 광복절 기념식에서 '저탄소 녹색성장'을 한국의 새로운 성장 정책으로 추진하겠다고 발표했다. 그래서 많은 사람들은 한국이 '녹색성장'(Green growth)의 효시라고 생각한다. 그러나 녹색성장의 핵심 사업으로 추진한 4대강(한강, 낙동강, 금강, 영산강) 사업이 충분한 검토와 여론 수렴 절차 없이 4년 안에 밀어붙이기식으로 추진되는 바람에 수질이 도리어 악화되었다는 부정적인 평가를 받게 되었다. 그래서 녹색성장 자체를 부정적으로 보는 사람들도 많다.

사실 녹색성장은 폴 에킨스 교수의 1999년 저서에서 처음 제시된 개념이다.[19] 이후 2005년 3월 유엔 에스캅(UN ESCAP)이 서울에서 개최한 아·태 환경 장관 회의에서 회원국들의 새로운 성장 전략으로 녹색성장이 채택되었다. 당시 이 회의의 에스캅 주무 부서가 환경 및 지속가능발전국(Environment and Sustainable Development Division; ESDD)이

---

18 중앙일보(2017년 11월 9일자)에 게재한 저자의 시론 "'녹색성장' 여전히 필요하다"의 일부 내용이 포함되었음.

19 Paul Ekins(1999), *Economic Growth and Environmental Sustainability – The Prospects for Green Growth*, London: Routledge.

었는데, 저자는 ESDD의 선임환경관으로서 녹색성장의 기본 개념과 추진 전략을 만드는 일을 했다. 당시 ESDD 국장은 한국 외교통상부 국장을 하다가 ESCAP에 온 정래권 국장이다. 그는 오랫동안 환경 관련 외교를 해온 경험을 바탕으로 경제성장과 환경이 윈-윈할 수 있는 방법으로서 녹색성장 전략을 구상하고 있었다. 이를 아시아 태평양 지역 국가들의 실정에 맞게 논리적으로 설명할 사람을 찾던 중에 마침 안식년을 시작하려던 저자와 연락이 닿아 함께 일하게 된 것이다.

사실 저자 자신도 이명박 정부의 4대강 사업을 일거에 토목공사로 추진하는 데에 반대 입장이었다. 차라리 수질이 가장 나쁘고 길이가 비교적 짧은 영산강만 먼저 하고 나서 충분한 시간을 두고 환경 영향 평가를 한 다음 단계적으로 사업을 추진했어야 했다.

비록 이명박 정부가 추진한 4대강 사업에 대한 부정적인 평가 때문에 한국에서는 '녹색성장'이라는 개념까지도 홀대받고 있지만 국제 사회에서는 호평을 받고 있다. 예를 들어, 한국이 주도해서 만든 유엔 산하 글로벌녹색성장연구소(GGGI)는 차치하고라도 OECD, World Bank, IMF, ADB 등은 녹색성장을 지속가능발전을 위한 주요한 성장 전략으로 채택하고 있다. 그리고 중국은 몇 년 전부터 '녹색성장 5개년 프로젝트'를 추진하고 있다. 우리나라가 주도했던 글로벌 녹색성장 아젠다가 중국에게 넘어갈 판이다.

녹색성장의 기본 개념은 경제성장과 일자리 창출을 하는 동시에 환경의 지속 가능성을 높일 수 있도록 하자는 것이다. 예를 들어, 태양광, 풍력, 바이오 에너지 등 신재생 에너지와 전기 자동차 같은 신산업을 성장 동력으로 육성하고 새로운 수요를 창출하도록 행·재정 지원을 하고 관련 규제를 정비하는 정책이 녹색성장 정책이다. 좀 더 넓게 생각해 보면 인공지능, 빅 데이터 등 4차 산업혁명의 핵심 기술들은 에너지 집약적이고 오염 물질 배출이 많은 전통 산업과 달리 환경 친화적이다. 빅 데이터와 인공지능을 이용하면 도시의 에너지와 쓰레기 배출량을 획기적으로 줄일 수 있다.[20]

게다가 온라인 근무, 온라인 교육, 온라인 쇼핑, 온라인 미팅의 확산은 교통 수요를 줄일 수 있고 도시의 집중을 완화시키는 동시에 서울과 지방, 도시와 시골의 균형적인 발전을 가져올 수 있다. 중국이나 한국이 디지털 기술을 이용해 코로나 바이러스의 확산을 조기에 막을 수 있었던 것처럼, 디지털 기술은 앞으로 계속 나타날 것으로 예상되는 전염병 예방과 확산 방지에도 도움이 될 수 있다.

따라서 이러한 환경 친화적인 4차 산업혁명이 빨리 확산되도록 정부가 지원하는 것도 녹색성장 정책이다. 특히 코로나 사태로 경제 상황이 나쁜 지금, 정부가 대대적인 부양 정책을 함에 있어서 고

---

20 PwC(2017), *Fourth Industrial Revolution for the Earth: Harnessing the 4th Industrial Revolution for Sustainable Emerging cities*.

용과 경제성장뿐만 아니라 환경이 지속 가능성을 높일 수 있는 '그린 뉴딜' 정책을 실시하는 것도 녹색성장이다.

또한 녹색 세제 개혁도 녹색성장의 주요 수단이다. 전체 세입은 고정된 상태에서 환경 관련세를 높이는 대신 소득세를 낮추면 생산 활동을 촉진하면서 환경오염 물질 배출과 에너지 사용을 줄일 수 있다. 실제 독일은 1999년 생태개혁법을 통과시키고 화석 원료 및 에너지 사용에 부과되는 세금을 올리는 대신 여기서 얻어진 추가 세입은 노동자들에 대한 보조금 지급을 통해 노동 비용을 감소시켰다. 이것이 토대가 되어 독일은 세계에서 가장 견고하면서도 친환경적인 경제성장을 지속해 오고 있다.

한국이 경제성장·환경 보전·사회적 형평이라는 지속가능발전 비전을 달성하기 위해서는 무엇보다 한편에는 포용성장 또 다른 한편에는 녹색성장의 날개를 달아야 한다. 이것이야말로 전 인류에게 모범을 보일 수 있는 지속가능발전을 위한 한국형 성장 전략이다.

선택 10: 한국판 뉴딜을 '3개 축 뉴딜'로

정부는 코로나 사태를 극복하기 위한 대책으로 '한국판 뉴딜 (New Deal)'을 추진하겠다고 발표했다. 잘 알려진 것처럼 뉴딜은 1930 년대 대공황으로 경제가 침몰하고 실업자가 급증하자 미국의 프랭 클린 루스벨트 대통령이 도로, 항만, 철도 등의 사회 인프라 건설에 대규모 재정 투입을 한 것이 주된 내용이다.

한국판 뉴딜은 2025년까지 '디지털 뉴딜'(Digital New Deal)과 '그린 뉴딜'(Green New Deal) 등 두 개의 축으로 추진된다. 디지털 뉴딜은 경 제 전반의 디지털 혁신 및 역동성을 촉진·확산하는 것을 목표로 하 여 D.N.A. 생태계 강화, 교육 인프라 디지털 전환, 비대면 산업 육성, 사회간접자본(SOC) 디지털화 등이 4대 역점 분야이다. 여기서 D는 데이터(Data), N은 네트워크(Network), A는 인공지능(AI)을 의미한다. 그린 뉴딜은 경제 기반의 친환경·저탄소 전환을 가속화하는 것을 목표로 하여 도시·공간·생활 인프라 녹색 전환, 저탄소·분산형 에 너지 확산, 녹색산업 혁신 생태계 구축 등 3대 역점 분야를 중심으 로 추진된다. 아울러 이상의 두 개 축을 뒷받침하기 위하여 고용과 복지 측면의 안전망 강화에도 역점을 두기로 했다. 코로나19로 인 한 단기 고용충격 극복에 중점을 두는 것은 물론 미래 고용시장 구 조 변화가 대두됨에 따른 것으로, '고용·사회안전망 강화+사람 투자 확대'의 방향으로 추진된다. 정부는 한국판 뉴딜에 2022년까지 67조 7,000억 원을 투입해 일자리 88만 7,000개를, 2025년까지 160조 원을 투입해 일자리 190만 1,000개를 창출한다는 계획이다.

한국판 뉴딜은 경제 침체와 실업 문제 해결에 도움이 되는 동시에 4차 산업혁명을 앞당기는 데 도움이 될 것이다. 기왕이면 앞에서 제안한 대로 서울과 도시 중심이 아니라 전국을 '스마트 국토'로 만드는 디지털 뉴딜이 되었으면 좋겠다. 그리고 3차 세계화의 퇴조 이후 새롭게 전개될 디지털 세계화, 즉 4차 세계화를 한국이 선도할 수 있도록 글로벌 디지털 네트워크 구축 사업도 디지털 뉴딜에 포함되면 좋겠다.

아울러 한국판 뉴딜에 그린 뉴딜을 포함시키기로 한 것도 잘한 일이다. 미국 언론인 토머스 프리드먼(Thomas Friedman)이 2007년 출판한 『그린 코드』에서 처음 제안한 그린 뉴딜은 재생 에너지 부문에 대규모 인프라 투자를 함으로써 기후 변화에 대응하는 동시에 새로운 일자리를 만들자는 것이다. 유엔환경계획(UNEP)은 2008년 '그린 뉴딜'을 새로운 성장 동력으로 삼자고 제안했다. 유럽연합(EU)은 2019년 12월 '유럽 그린 딜'(European Green Deal)이라는 녹색 경제를 달성하기 위한 장기 전략을 발표했다. 2020년 미국 대선에서도 그린 뉴딜은 새로운 화두로 떠올랐다.

그린 뉴딜은 성장과 환경의 지속 가능성을 높이는 녹색성장 정책이다. 즉, 코로나 사태로 경제가 공황에 버금가는 침체로 빠질 가능성이 큰 지금, 기후 변화와 지구 온난화를 막을 수 있는 환경 인프라와 관련 산업에 집중 투자함으로써 고용과 경기부양을 하고 미래 산업을 육성하면 그야말로 성장과 환경의 윈-윈(win-win)이 가능한 것이다.

기왕이면 그린 뉴딜을 한국이 국제 사회의 새로운 성장 모형으로 제시해서 환영받고 있는 '녹색성장'의 연속선상에서 추진하면 좋겠다. 그래야만 대다수 국민이 그린 뉴딜을 지지하고 정권이 바뀌더라도 지속적으로 추진될 수 있을 것이다.

그리고 한국판 뉴딜에 포함되어 있는 '안전망 강화'를 보다 확대해 '소셜 뉴딜'(Social New Deal)을 세 번째 축으로 추진했으면 좋겠다. 1997년 외환위기 이후 확대되어 오던 사회 양극화는 코로나 사태로 더욱 심화되고 있는 상태이다. 더욱이 디지털 뉴딜과 그린 뉴딜은 화력 발전 규제와 같은 새로운 규제를 시행하면서 이해단체 간의 갈등과 대립을 가져올 수밖에 없다.

루스벨트 대통령의 뉴딜 정책은 사회 인프라 건설뿐만 아니라 노동조합의 권한 강화, 사회보장제도의 도입 등과 같은 새로운 사회 협약을 포함했다. 한국이 1997년 외환위기로 IMF 체제가 된 후 취임한 김대중 대통령도 경제 개혁을 위한 노·사·정 대타협을 이루어 냈다.

이제 IMF 체제에서 이루어 냈던 것처럼 노·사·정 간의 새로운 대타협이 있어야 한다. 대기업과 중소기업 간의 대타협, 그리고 정치 세력 간의 대타협도 있어야 한다. 이로써 국민 모두가 협력과 고통 분담을 함께 하겠다는 새로운 사회 대타협, 즉 소셜 뉴딜이 있어야 한다.

한국은 인구 고령화로 인한 성장잠재력 약화와 함께 사회 양극화와 환경 파괴로 이미 '헬조선'이 된 상태이다. 더욱이 코로나 사태로 인한 세계적인 경제 침체와 미·중 간 대립은 무역으로 먹고사는 한국을 절벽 끝으로 내몰고 있다. 그야말로 절체절명의 내우외환이다.

이제 뉴딜이 꼭 필요한 상황이다. 4차 산업혁명을 통해 미래 먹거리와 일자리를 만들기 위한 디지털 뉴딜, 환경과 경제가 상생할 수 있도록 하는 그린 뉴딜, 그리고 사회와 경제가 상생할 수 있도록 하는 사회적 뉴딜이 바로 그것이다. 이러한 3개 축 뉴딜이 한국이 세계에 내놓을 한국형 뉴딜, 즉 새로운 뉴딜('New' New Deal)이다. 이렇게만 할 수 있다면, 이번 코로나 위기는 한국이 진정 더불어 살기 좋은 선진 국가를 만드는 최고의 기회가 될 것이다.

마 치 며

기독교 신앙을 가진 사람들에게는 코로나 팬데믹이 세계화라는 이름의 바벨탑을 또다시 쌓아올린 인간에 대한 신의 분노가 아닌가 싶겠다. 세계화와 함께 인간의 기술 혁명은 더욱 가속화되어 드디어 생명 복제라는 신의 영역에 도전하게 되었다. 아울러 대량 생산과 대량 소비가 확산되면서 지구의 많은 산과 들과 물, 공기 등 모든 자연이 파괴되면서 많은 생명체들이 멸종되었지 않았는가.

그런데 이번 코로나 사태로 국경이 폐쇄되고 사회적 거리두기 정책이 시행되면서 여행자가 급감했다. 항공 운항이 90% 이상 감소하고 자동차 운행도 대폭 감소했다. 화석 에너지를 태우며 매연을 뿜어내던 많은 공장들이 생산 활동을 멈추거나 축소했다. 그 결과 매연으로 악명을 떨치던 베이징, 파리, 로스앤젤레스, 뉴델리, 서울의 대기가 갑자기 맑아졌다. 강과 산에는 멸종 위기에 몰렸던 생물들이 되살아나고 있다는 뉴스다. 마치 태풍과 해일이 불면 많은 인명이 목숨을 잃고 재산 손실을 보지만, 해저의 '물갈이'를 통해 죽은 생명을 새로운 생명으로 거듭나게 하는 것처럼 말이다.

눈에 보이지도 않는 코로나 바이러스 하나가 온세상을 바꿔 놓고 있다. 디 아시아 N(*The Asia N*)의 편집장인 비비엔느 레이히(Vivienne Reich)가 편지 형식으로 올린 칼럼(2020. 4. 2)이 많은 사람들의 공감을 불러일으키고 있다.

인류에게 보내는 편지

지구가 속삭였지만 당신들은 듣지 않았습니다.
지구가 소리를 내 이야기했지만 당신들은 듣지 않았습니다.
지구가 소리쳐 외쳤을 때 당신들은 오히려 귀를 막았습니다.

그래서 내가 태어났습니다.
나는 당신들을 벌주기 위해 태어난 것이 아닙니다.
나는 당신들을 깨우기 위해 태어났습니다.
(중략)
나는 여기에 당신들을 벌주러 와 있는 것이 아닙니다. 당신들을
    깨우기 위해 온 것입니다.
내가 떠나고 이 모든 것이 지나간 후에 ….
제발 이 시간들을 기억해 주세요.
지구의 이야기를 들어 주세요.
당신 영혼의 소리에 귀 기울여 주세요.
더 이상 지구를 오염시키는 것을 멈춰 주세요.

싸움을 멈추고,

더 이상 물질적인 것에만 매달리지 말아 주세요.

그리고 이제 이웃을 사랑하는 것을 시작해 보세요.

지구와 그 안의 모든 생물을 보살펴 주세요.

그리고 마지막으로 창조주를 기억하세요.

그렇지 않다면 혹 내가 다시 돌아오게 될 수 있습니다. 그리고 그
　　때는 지금보다 훨씬 강력한 모습으로 오게 될 거예요.

코로나 바이러스가 …

　사스나 메르스 때처럼 이번 코로나 사태도 언젠가는 종식될 것
이다. 그러나 가까운 시일 내에 또 다른 종류의, 보다 강력한 바이러
스가 전 세계에 퍼질 수 있다. 『인수공통 모든 전염병의 열쇠』 저자
데이비드 쾀먼(David Quammen)이 BBC 코리아와의 인터뷰[1]에서 말한
것처럼 인간이 야생 생태계를 계속해서 훼손하고 야생 동물들과의
접촉이 많아지면서 동물들의 바이러스가 인간으로 옮겨 올 기회가
더 많아지고 있기 때문이다.

　오직 돈만을 위해 사는 현대 인류를 호모 에코노미쿠스(Home

1　2020년 4월 26일.

Economicus)라고 한다. 그러나 우리 인류는 서로 어울려 사는 '사회적 동물'이다. 인류가 오늘날까지 살아남을 수 있었던 것은 서로 포용하는 호모 소시올로지쿠스(Homo Sociologicus)이기 때문이다. 동시에 인간은 자연의 품에 안길 때 행복을 느끼는 에코 사피엔스(Ecological Sapiens)이다.

나는 우리 인류가 코로나 바이러스가 주는 메시지를 기억하고 이웃과 자연을 사랑하며 더불어 살아남을 수 있기를 꿈꾼다. 우리 인류는 '호모 에코노미쿠스'(경제적 인간)인 동시에 '호모 소시올로지쿠스'(사회적 인간)이며 '에코 사피엔스'(자연적 인간)이기 때문이다. 무엇보다 우리는 호모 사피엔스(Homo Sapiens), 즉 '현명한 인간'이기 때문이다.

코로나 사태로 제2차 세계대전 이후 계속되어 왔던 3차 세계화는 이제 본격적인 쇠퇴의 길을 갈 것이다. 미국과 중국 간의 냉전이 본격화되고 한국은 진영 선택을 강요받을 것이다. 한국 기업들의 해외 시장은 자유무역주의를 대체한 보호무역주의 물결로 크게 위협받을 것이다.

그러나 4차 산업혁명이 본격화되고 이와 궤를 함께 하는 4차 세계화가 펼쳐질 것이다. 이제 인류는 '호모 디지털'(디지털 인간)도 되고 '포노 사피엔스'(스마트폰 인간)도 되고 '로보 사피엔스'(로봇 인간)도 될 것이다. 그리고 불멸과 같은 신의 경지에까지 도달하는 '호모 데우스'(Homo Deus)가 될 수도 있다.

코로나 이후의 세계는 대한민국에게는 엄청난 위험이지만 커다란 기회이기도 하다. 위기를 위험으로만 받아들일 것인가 기회로 만들 것인가는 우리 모두의 선택이다. 개인의 선택이며, 기업의 선택이고, 국가의 선택이다. 시몬 페레스(Shimon Peres) 전 이스라엘 대통령은 생의 마지막 해인 2016년에 집필한 『작은 꿈을 위한 방은 없다』라는 책에서 "위험을 두려워하는 것이 가장 큰 위험이다"라는 말을 했다.

1차 세계화 시기에는 조선 말기 당파 싸움과 쇄국 정책으로 기회를 살리지 못하고 도리어 일본의 식민지로 전락하는 뼈아픈 선택의 오류를 범했다. 2차 세계화 시기에는 일본의 식민지로서 참여할 수 있는 기회조차 없었다. 3차 세계화 시기에는 수출 주도형 산업화 전략을 선택하면서 세계화 물결에 올라탔다. 이로써 반만년 역사상 가장 빠른 성장을 통해 선진국 반열에 오를 수 있었다.

한국이 외환위기를 겪고 나서 저자가 영어로 출판한 저서의 제목이 *Korea's Economic Miracle – Fading or Reviving?*, 즉 『한국의 경제 기적 – 사라질 것인가, 다시 일어날 것인가?』였다.[2]

당시 공저자인 호주 울런공대 찰스 하비(Charles Harvie) 교수가 제

---

2 Charles Harvie and Hyun-Hoon Lee(2003), *Korea's Economic Miracle – Fading or Reviving?*, Palgrave Macmillan.

안한 제목이 Fading Korea's Economic Miracle, 즉 '사라지는 한국 경제의 기적'이었는데, 저자가 대한민국은 다시 일어날 수 있다고 강력히 주장해서 타협으로 만든 제목이었다.

이제 대한민국은 다시 기로에 서 있다. 3차 산업혁명과 3차 세계화에서는 남이 깔아놓은 판에 올라타 열심히만 뛰면 되었다. 이제 본격적으로 확산될 4차 산업혁명과 새롭게 전개될 4차 세계화 시대에는 대한민국이 판을 까는 나라가 되어야 한다. 2020년 코로나 팬데믹(코로나 세계 대유행)이 끝나면 코리아 팬데믹(코리아 세계 대유행)이 오기를 꿈꾼다. 물리적 힘으로 세계를 좌지우지하는 패권 국가가 아닌 정신적 힘으로 세계 인류를 선도하는 '홍익국가'(弘益國家)가 되어야 한다. 그래서 우리의 미래 세대들이 2020년을 살았던 우리가 위대한 세대였다고 기억하기를 꿈꾼다.